U0870925

启子国学

启子国学丛书

闲置斋琐谈

杨 军/著

長春出版社
国家一级出版社
全国百佳图书出版单位

图书在版编目(CIP)数据

闲置斋琐谈 / 杨军著. —长春 : 长春出版社,
2022.1
(启予国学丛书)
ISBN 978-7-5445-6611-7

Ⅰ. ①闲… Ⅱ. ①杨… Ⅲ. ①杂文集-中国-当代
Ⅳ. ①I267.1

中国版本图书馆 CIP 数据核字(2021)第 263170 号

闲置斋琐谈

著　　者:杨　军
责任编辑:孙振波
封面设计:宁荣刚

出版发行:长春出版社　　总编室电话:0431-88563443
编辑室电话:0431-88561184　　发行部电话:0431-88561180
地　　址:吉林省长春市长春大街 309 号
邮　　编:130041
网　　址:www.cccbs.net
制　　版:荣辉图文
印　　刷:吉林省科普印刷有限公司
经　　销:新华书店

开　　本:880 毫米×1230 毫米　1/32
字　　数:138 千字
印　　张:5.625
版　　次:2022 年 1 月第 1 版
印　　次:2022 年 1 月第 1 次印刷
定　　价:28.00 元

版权所有　盗版必究
如有印装质量问题,请与印厂联系调换　　印厂电话:0431-80867799

目　录

谈说集

演讲录

谈说集

谈修养

我们评价一个人，有没有修养经常是我们挂在口头上的一个标准，但什么是修养呢？

我们经常说到道德修养、文学修养、艺术修养，但是，你听说过“知识修养”这种说法吗？显然没有。可见，修养与知识无关。知识是可以通过学习得到的。修养既然与知识无关，也就意味着，这是一种无法通过学习获得的人生重要的、必备的素质。

不通过学习怎样获得修养这种素质呢？实际上，修养这个词本身就已经告诉我们获得它的途径了，那就是“修”和“养”。

先说“修”。

修什么？可以分为两个大的方面，道德修养无疑是修“道德”，文学修养、艺术修养修的则是一种境界。修“道德”，显然也可分为修“道”和修“德”。“道”这个字在古汉语里边内涵非常丰富，既指自然法则，也指宇宙间的绝对真理。所以说修“道”，指的是对自然法则和绝对真理的参悟。

道教讲的修道，指体会天地至道，提升自身的能力，以超脱自然法则对人的束缚，固然与我这里讲的修道内涵不一致。但是，其所强调的对至道的领悟，也就是对绝对真理的认识，其最终目的是要实现长生不老、白日飞升等对自然法则的超越，当然首先也要对自然法则有明确的认识，这些与我这里讲的修道也是相通的。

老子《道德经》开篇先谈“道可道，非常道”，《论语》里记载孔子“五十而知天命”，所谓的“常道”“天命”，无疑都是对绝对真理的理解。孔子到 50 岁时才参悟透了宇宙间的绝对真理和自然法则，可见这种“修”的过程是比较漫长的，是需要经过长期对人生体验、人生哲理和智慧进行感悟的。

为什么要修道？换句话说，为什么我们要参悟绝对真理和自然法则呢？看看我们身边，百分之九十九的人都没有去参悟，他们不也活得很好、很快乐吗？我们为什么要给自己找这个麻烦呢？实际上道教的做法已经向我们揭示这个问题的答案了，参悟是为了超越。当然，道教追求的超越方式或许是行不通的。

领悟了绝对真理和自然法则，我们才能有意识地去顺应它，知道顺应真理和法则的人，才能够非常轻松地取得成功。唐代诗人罗隐在凭吊诸葛亮的诗中有这样两句：“时来天地皆同力，运去英雄不自由。”束缚英雄人物的“时”“运”，实际上就是绝对真理和自然法则的作用。只有理解真理和法则的人，才能有意识地在“时来天地皆同力”时发力，而在“运去”时停止，这也就是《周易》上所说的“时止则止，时行则行，动静不失其时，其道光明”。领悟了真理和法则，才能把人生的一切看得清清楚楚、明明白白、真真切切，而不必去跟别人借一双慧眼。

领悟了真理和法则，才能真正地看开、放下，活得自由、活得洒脱，也就是达到孔子所说的“七十而从心所欲不逾矩”。不违背真理和法则，即“不逾矩”，才能带来真正的自由、洒脱，即“从心所欲”。

领悟了真理和法则，我们才能避免活得浑浑噩噩。如果一生仅仅知道按照本能去挣钱、去花钱，那么人与动物又有什么区别呢？又从哪里体现出我们是智慧的生命？不肯参悟绝对真理和自然法则，却希望开启智慧，在我看来，纯粹是镜花水月的妄想了。可惜的是，现在这样的人真的是很多的。

那么，需要我们去参悟的绝对真理和自然法则又是什么呢？恐怕这是一个无法说清楚的问题。老子说：“道可道，非常道。”可以用语言表述清楚的“道”，就是平常的、普通的“道”，而不是老子认作绝对真理的那个“道”。子贡曾经说过：“夫子之言性与天道，不可得而闻也。”作为孔门十大弟子之一的子贡，尚且没有听到过孔子讲什么是“天道”，可见孔子也没有论述过什么是绝对真理和自然法则。

为什么孔子、老子这两大哲人都不肯将这个问题谈清楚？我个人的理解，原因可能主要是两个方面。

其一，绝对真理是超越经验的、无法实证的问题，人言人殊，也就是《周易》上所说的“仁者见之谓之仁，智者见之谓之智，百姓日用而不知”。讨论这个问题的话，立论的一方具有先天的劣势，而驳论方具有无比的优势，概言之，这是一个不易立论的命题，越展开讨论越说不清楚，莫不如不展开为好。留下一点悬念，供后人去参悟，肯思考的人自然可以由各自的角度悟入，若展开论述，争辩不休，反而众说纷纭，歧义迭出，使后人如堕五里雾中，更加无法领悟了。

其二，自然法则涵盖很多领域，包括人生的许多方面，很难归纳和概括。人生经历不同，需要领悟的自然法则也不相同，每个人都需要参悟自己所属那个领域的自然法则，却不必也不可能参悟全部的自然法则，所以说，也没有对自然法则进行全面归纳和概括的必要。很笼统地提炼出来的东西也没有实用价值。比如说，佛家有所谓的“八苦”说，认为人生存在八种痛苦的根源，即：生、老、病、死、爱别离、怨憎会、求不得、五阴炽盛。这就是一种对人生法则的归纳。可是，如果我现在做工程已经干不下去了，眼看要烂尾，痛苦得不得了，试想，理解这八苦能使我从现实的痛苦中解脱出来吗？你如果不能对你所做的工程这个行业的法则有清晰的理解，这个痛苦似乎是不可避免的、无法解脱的，除非你不做。

为什么古代哲人对绝对真理和自然法则避而不谈，一言以蔽之，前者说不清，后者说不完。在我看来，这正是东方哲人的聪明之处。

虽然说不清，但我还是想谈谈个人的一点感悟，希望可以为大家“修道”做个借鉴。否则，只是知道“道可道，非常道”，却不知道应该从哪里下功夫，最后还是不得其门而入。为了不把这个问题弄得太复杂、太玄虚，我还是只谈与人生修养有关的层面吧。

绝对真理，可以说，属于信仰层面的问题。应该参悟的首先是三个方面。

其一，面对苍茫宇宙、广阔苍穹，我们应该认识到人类的渺小。在一切自然灾害面前，我们才发现，人原来是如此脆弱、如此无助。只有直面自身的渺小，才能培养起真正的谦卑，才能完全避免骄傲、狂妄、暴虐、刚愎自用、自以为是、自我为中心等一系列丑行。我特意用了“丑行”这个词，在我看来，这些不仅仅是缺点、错误而已，的的确确是丑恶的行为。谦卑能避免丑行，因为只有谦卑的人才能摆正自己的位置。

我们现在不是常听人说，人步入社会之后，首要问题是摆正自己的位置吗？摆正自己的位置，处理问题才能恰如其分，与他人相处才能和谐，处事妥当、人脉通畅，这才是成功的前提和基础。一个人如果不具备这两点，再有才能、再有钱有权也是枉然。秦朝能统一中国，却传二世而亡，其原因如果用一句话来归纳，就是处事不当而已。东晋桓温北伐时，遇到一位曾见过诸葛亮的小吏，桓温问他："诸葛公有哪些过人之处？"小吏回答说："也没有什么过人之处。只是自从他去世后，就再也没有见到像他那样办事妥当的人。"可见办事妥当之重要。

要摆正自己的位置，首先要摆正自己的心态；要摆正自己的心态，就要参悟真理和大道。可以说，谦卑是对人最有益的一种心态。真的，你会发现，真正谦卑的人，才有一种从骨子里透出来的自信、温和、从容、淡定，让他们具有一种无法模仿的典雅雍容的气质。

其二，面对身边亘古不变的山川，天空中那些已存在几十亿年的群星及它们之间以光年为计算单位的遥远距离，我们应该认识到人生的短暂。几十年的人生旅途，当我们走在其中的时候，觉得很是漫长，但细想一想，人的一生究竟能做几件事情呢？一切都是那么匆匆。

晋朝郭璞的《游仙诗》说道："借问蜉蝣辈，宁知龟鹤年。"蜉蝣是一种生活在水里的小虫子，寿命很短，只有几小时到几天，有的朝生夕死，它当然无法理解以长寿著称的龟、鹤的生命周期。实际上我们想一想，从存在几十亿年的宇宙看来，仅仅能存在几十年的我们，不也相当于朝生夕死的状态吗？

苏东坡《前赤壁赋》说："自其变者而观之，则天地曾不能以一瞬；自其不变者而观之，则物与我皆无尽也。"意思是，从变化的一面来看，那么天地间的事物连一眨眼的工夫都不能保持原样；从不变的一面来看，那么万物和我们都是永恒的。人生既是短暂的又是永恒的，关键在于从哪个角度去看。这种哲理是不是值得我们去参悟？

因为短暂，所以值得珍惜。我们之所以珍惜昙花，就是因为它仅仅一现。我们夜晚爬起来苦苦守候流星，还不是因为它转瞬即逝？可是，我们是否同样珍惜过我们短暂的生命？

如果你第一次到巴黎，又仅能停留一天，想想看，你是不是会非常精细地设计这 24 小时的行程？可是，我们是否同样精细地设计过我们的人生旅程？

李白说："天地者，万物之逆旅也；光阴者，百代之过客也。"天地不过是万物的旅馆，而光阴也不过是匆匆的过客。作为宇宙中的过客，留给我们的时间实在是不多的，不应该精心设计、认真地去过这短短的一生吗？

另一个值得思考的问题是，短暂的生命中是否存在永恒？我们应该怎样去实现生命中的永恒？对这些问题，每个人的答案都是不一样的，但是，我想有一点应该可以达成共识，那就是，人生苦短，应该抓紧时间做一些更有意义的事情。

其三，参悟即顺从。参悟真理就是要顺从真理。从小处说，知道"福至休喜，也要会受；祸到休愁，也要会救"，是一种顺从；知道"生死有命，富贵在天"，是一种顺从；知道安贫乐道，也是一种顺从。从大处说，顺从是顺势而为，是随遇而安，是尽人事而听天命，更是"从心所欲不逾矩"。理解真理、顺从真理，人生才会拥有一份淡然、一份笃定。心才能既是活泼的，又是安稳的，自然不必像禅宗二祖慧可那样，去求达摩祖师为他安心。

关于参悟绝对真理，就说这么多吧。"大道至简"，我似乎说得已经太多了。还是那句话，这是一个说不清楚的问题。想找到一本书来读一读，就完全理解了，绝对是不可能的，只能结合自己的人生经历一点点地参悟出来。

自然法则，就是存在于宇宙万事万物间的道，也可以理解为客观规律。喝茶有茶道，习武有武道，这些都是老子所说的“可道”之道，就是自然法则。

宋明理学讲“理一分殊”，朱熹引用释家的典故“月映万川”来加以说明。除去哲学层面或者说本体论方面的意义不讲，我倒觉得，将“理”看作我们上面讲过的绝对真理、“常道”，将“分殊”看作自然法则，存在于万事万物中的道、“非常道”，也是很贴切的。天上只有一个月亮，天下所有江河里都有一个月亮的倒影，没有月亮自然就没有倒影，但倒影却并不是月亮本身。绝对真理只有一个，而其在万事万物中的体现却有种种不同，自然法则源于绝对真理，却又与之存在差异。这也就是禅宗所说的“千江有水千江月，万里无云万里天”。所以我们不仅要参悟绝对真理，还要参悟自然法则。

万川中的映月都是不一样的，我们先要知道自己是在哪一条江边。不要去管其他江河中的月是什么样子，只看明白自己所处的江里的月就足够了。

我不知道是否可以由参悟自然法则进而参悟人生大道，也就是绝对真理，但是，参悟自然法则最切合我们日常生活之用却是没有问题的。知道自己在哪条江边，明白此处的月亮是什么状态，自然也就知道自己该如何去做了。借着看明白江水中的月亮，最终竟至明了天上的月亮，却也说不定。

《老子》一书究竟是“道经”在前还是“德经”在前，学者间还存在争议，但是，老子著书分两篇，一篇讲“道”一篇讲“德”，则是没有问题的。我们说过“修道”，再来谈“修德”。

“德”，通常理解为品行、道德，修德，就是品行、道德方面的修养。我理解，修德可以分为三个层面，由低到高，依次为行为、性格、美德。

修德首先是行为方面的修养，主要就是两个字：言、行。修什么？就是修善言、善行。什么是善言、善行？就是追求我们的言行能够帮到他人，即便不能帮到人，至少不要伤到人。

说话伤人肯定是缺点、毛病，再说什么“我这人就这么直”，“我是实话实说”，“我不怕得罪人”，等等，都是苍白无力的掩饰。当我们无力帮助他人的时候，说几句暖人心的话就是善行！在日常生活中，说几句暖人心的话就是传播正能量！“良言一句三冬暖，恶语伤人六月寒。”

善言给他人带来好心情，也给自己带来好心情。你可以体味一下，当你开车在路上遇到状况时，你骂出来“到底会不会开车”，和你微笑着说“到底是新手哦”，先不论对方听到后心情有什么差别，你自己的心情是不是完全不一样？

习惯了说暖人心的话，你会发现，生活中的矛盾少了百分之九十以上。其实，人生中根本性的矛盾冲突能有多少？大多数冲突的起因不外是多说了一句话。“忍一时风平浪静，退一步海阔天空”，最关键的不是事情上做多少让步，而是气头上能忍住少说一句而已。

古人讲：“静坐常思己过，闲谈莫论人非。”修善言最重要的就是这四个字——“莫论人非”，不要一闲谈就揭人短处、挑人毛病、曝人隐私、说人错误、论人是非。能够自己做到“莫论人非”，再记住“来说是非者，便是是非人”，积口德这方面也就修得差不多了。

行的方面若要不伤人，首先要办事妥当、恰如其分，凡事守着理、礼二字，最重要的是不要过分，也不要得理不饶人。

古人说得好："饶人不是痴汉，痴汉不会饶人。"

饶人就是宽容、原谅。"以责人之心责己，以恕己之心恕人。"我们学习《周易》应该知道坤卦，大地的美德就在于包容，学习大地的美德就是"君子以厚德载物"。

走向宽容最好的方法是换位思考，也就是古人所说的"将心比心"，就是孔子所说的"己所不欲，勿施于人"。总是站在自己的立场上思考，渐渐地就会觉得所有的人都对不起自己，身边的人都不是东西；真正懂得换位思考，才会发现，很多事情原来不是别人对不起自己，是自己处事不当，好像不是东西的正是自己。

不论与谁发生矛盾，都觉得自己是有理的一方，那就证明，你已经很惹人讨厌了。所以，要是你已经很久没有觉得理亏过了，那就意味着必须进行深刻的自我检讨了。若再进一步，发展到能拿"不是"当"理"说，这个人也就基本上无可救药了。

宽容不仅是雅量，更是智慧，懂得宽容的人才能真正体验到人生的幸福。怨恨是一种毒药，毒害的是心怀怨恨的人，而不是怨恨的对象。如果明白了这个道理，就不应该服下怨恨这服毒药，心怀怨恨只能毒害自己。

修善行还应该回避一个"气"字，不要总是生气，关键是不要找气生，更不要斗气。"人争一口气，佛争一炷香"的想法是绝对要不得的。

古人云酒、色、财、气，虽然这个气放在最后，但想一想，也许这个才是最关键的。酒、色、财如果都不带"气"，可以说是人生的三大幸福了吧，但其被视为对人有害的东西，不正是因为容易因之而有"气"生吗？

修德的第二个层次是修性格。人与生俱来的性格千差万别，但是，在我们的文化里，大家都欣赏的理想人格却是唯一的。修性格，就是毕生努力向那个理想人格靠拢，尽管可能我们永远也不能达到。

完美的性格是什么样子的？可能难以说清楚，但是大家心中都有一个模糊的认识，琢磨一下获得大家称赞的“好人”在性格方面有哪些特点，也就可以明白了。

儒家的思想也许是可以参照的。子贡对孔子的评价是“温、良、恭、俭、让”，就是温和、善良、恭敬、俭朴、谦让。这是孔子性格的特点，可以看出，这是孔子令子贡等孔门弟子非常赞叹的性格特点，这也应该是完美性格的体现吧！

性格怎样修呢？最简单的方法就是儒家说的两个字，“克己”，即自我克制。孔子强调“克己复礼”，若是用当下的词汇来形容，就是约束自己以遵守社会行为规范。比如说，飞机上禁止吸烟，就是一种社会行为规范。乘飞机去美国需要十多个小时，老烟民怎么能不想吸烟呢？但为遵守这条社会行为规范，约束自己不吸烟，这就是“克己复礼”。

修养要从克制做起，克制久了，成为习惯，自然如此，不再需要有意克制，也就修正了性格。

修性格，也就是一个逐渐剔除自身性格中负面东西的过程，也就是《论语》上说的“寡其过”，逐渐减少自己的缺点和错误。一下子来一个天翻地覆的变化虽然不是不可能的，但毕竟太难，非有大智慧、大毅力的人做不到，我们还是应该追求逐渐地、循序渐进地改造自己的性格。这也就是老子所说的“为学日益，为道日损”。“益”是增加，学习就是要每天增加新知识；“损”是减少，修道就是要每天减少自己身上的劣行。令孔子赞叹的蘧伯玉，就是“年五十而知四十九年非”，50 岁的时候，认识到 49 岁以前的错误，可见性格的修养是一个漫长的过程，是一个逐渐自我修正的过程。其实，不要说“日损”，就是每年能够去除自己的一个缺点，性格方面的修养成就就会相当可观了。我觉得，我们应该以年为单位，每年专注地去克服自己性格中的一个缺点，逐一攻克，持之以恒，自然会成为一个“好人”。

修德的最高层次是修美德。修美德与修性格常常无法完全分开，努力在生活中实践某种美德就是修美德，行之既久，习惯成自然，这种美德成为自己的本能，那也就成为自身性格的组成部分了。

修性格，修的并不一定都是美德，有些是中性的，称其为美德比较勉强，但肯定不是恶习。比如说，俗话说的“老宜张狂少宜稳”，是一种性格，但称其为美德显然并不合适。我理解，美德往往是对他人有益的性格特征。

不论是修行为、修性格还是修美德，这种修，一定以看得见变化为准。说自己修这个、行那个，而他这个人还是那个老样子，在熟悉他的人看来没有任何变化，那就可以肯定，他并没有真正修行。既然是修行，要“修”就要“行”。

不论学什么、修什么，最应该避免的是学在嘴上、修在嘴上，讲起来头头是道、滔滔不绝、眉飞色舞，让听者觉得自己与众不同，自己当时也确实感动了自己，但说过之后，激情得到发泄之后，回归日常生活也就一切照旧了，用歌词来形容，“什么都没有改变”。这种学习和修养，骗人害己，不修也罢。

讲修养，就是要使自己发生改变，若不想改变，也莫奢谈修养。不能改变自我，自然也就不能进步了。

修性格的方法也适用于修美德，除此之外，修美德还要有超人的勇气。我们都能认识到什么是美德、什么是好事，为什么不去落实？往往是缺乏勇气。《论语》上讲“见义不为，无勇也”，可谓一语中的，所以才有“见义勇为”这个成语。

在道德沦丧的当代，为善尤其需要勇气。谁都知道老人跌倒应该去扶，但一考虑到可能被讹诈，还敢去扶吗？这需要多么大的勇气呢？面对这种情况，我也常常明哲保身，不敢上前，但对于敢冲上去的人，我是充满敬意的。

就是不涉及上面的极端情况，见到善，我们也常常犹豫，不能马上去行。脑子里面想的是“我这么做大家会不会理解啊”，“会不会有人讽刺我啊”，“是不有些难为情啊”，等等，而不是想“此事正是修行时”。要克服这些心理是需要比较大的勇气的。所以说，修美德也好，行善也好，是需要莫大勇气的。

以上谈的是“修”，下面说“养”。

孟子曾说“我善养吾浩然之气”，但是，当人们问及他“养”的这个“浩然之气”是什么时，孟子认为很难说清楚。孟子也说过：“存其心，养其性，所以事天也。”后来，“存心养性”就成为宋明时代理学家们非常重视的修身养性的方法，称之为“存养功夫”。看来，孟子“养”的是心，是性。

实际上，《孟子》一书中对此有过详细的论述：

> 恻隐之心，人皆有之；羞恶之心，人皆有之；恭敬之心，人皆有之；是非之心，人皆有之。恻隐之心，仁也；羞恶之心，义也；恭敬之心，礼也；是非之心，智也。仁、义、礼、智，非由外铄我也，我固有之也，弗思耳矣。故曰：“求则得之，舍则失之。”或相倍蓰而无算者，不能尽其才者也。

孟子认为，人皆有恻隐之心、羞恶之心、恭敬之心和是非之心。恻隐之心是“仁”的发端，羞恶之心是“义”的发端，恭敬之心是“礼”的发端，是非之心是“智”的发端。由此看来，儒家提倡的仁义礼智，是人本身具有的素质，而不是外在的、强加给人的约束。可问题是，有的人追求仁义礼智，就得到了，拥有了这些美德，“求则得之”；有的人没有追求，也不去思考，随波逐流，为环境所改变，就失去了这些美好的本性，“舍则失之”。“倍”是一倍，“蓰”是五倍，“无算”是无数，人与人之间的差距，由相差一倍、相差五倍到相差无数倍，原因就在于对人的善良本性发挥的程度不同。由此我们可以理解，存心养性，就是要培养、滋养我们与生俱来的善良本性。

人的善良本性中最重要的就是作为仁义礼智发端的恻隐之心、羞恶之心、恭敬之心和是非之心，儒家也称之为“四端”。

恻隐之心就是同情心。恻隐之心既然是仁的发端，儒家讲“仁者爱人”，仁就是爱人，那么，培养恻隐之心，也就是培养我们的爱心。怎样“养”爱心？我体会，就是让自己的心变得柔软。

恻隐之心，人皆有之。就是我们每个人的内心都有一块柔软的地方，一旦触及，再刚强的人也会忍不住心痛，忍不住流泪，触动过于强烈，就会有心碎的感觉。我们内心中的那一块柔软，是人性的光辉，不仅要保持住，更应该让它常常占据我们的心。

恶人的心是硬的，善人的心是软的。想想看，所有的恶行，没有铁石心肠，恐怕都是做不来的。那么，养善心就应该反其道而行之，要使心变软。人应该把刚强留给自己，以柔软的心面对他人、面对社会。常常触及内心的柔软，与保持坚强并不矛盾，因为一个是对己，一个是待人。刚强是我们面对人生困境的心态，身处逆境，百折不挠，但这不应该是我们待人的心态。从未感觉到自己内心的那片柔软，按孟子的评价标准，那就不是人了；常常压制自己内心的那处柔软，或有意避开，尽量不去触及，那是世俗之人的通常做法。“修养”，恰恰就是常常触及内心的那处柔软。内心的柔软是行善的强大动力。

羞恶之心就是羞耻心。养羞耻心，用一句最俗的话来说，就是知道要脸。一个人如果不知道要脸，那就千万不要理他了，已经无可救药了。

现在人们常将要面子视为负面的东西，当然，要面子往往意味着虚荣，这是要不得的。但是，要面子的人往往都要脸，这是好的一面，应该提倡。

养羞耻心，就是为人处世时常常提醒自己不要丢脸，不要丢人。换句话说，就是为人要有荣誉感。为了荣誉约束自己、自我克制，为了荣誉甘愿默默付出，为了荣誉而愿意舍弃一定的利益。二战期间，英国贵族学校的毕业生阵亡比例远远大于平民，为什么？因为这些贵族子弟总是冲锋在前、撤退在后。没有人要求他们这样做，是他们自觉地用这种行动来维护贵族的荣誉。有荣誉感的人，才是真正的贵族。

羞耻心、荣誉感能造就人的自尊，而人的尊严是人性中最宝贵的东西。失去尊严的人，就已经不具备完整的人格了，这就是我们不愿意接受奴役的原因，不论是肉体上的还是精神上的奴役，都是如此。

恭敬之心，关键是一个敬字，是敬人，也是敬事。与人交往守着一个敬字，就能礼貌、周到，自然成为受人欢迎的人、受人敬重的人。人与人之间的关系是相互的，敬人就是敬己，尊敬他人才能得到他人的尊敬，“恶言不出于口，忿言不返于身”。处理事情守着一个敬字，就能慎重、缜密，自然事情容易达成圆满的结果。怎样养成这个敬？我理解也就是一个字

“谦”，先要养成一种谦逊的心态。

自尊，就是当别人都不拿你当回事儿的时候，千万别不拿自己当回事儿。谦逊，就是当别人都拿你当回事儿的时候，千万别拿自己当回事儿。

是非之心，就是要有正确的是非观念。换句话说，就是要能明辨是非，知道什么是好的，什么是不好的。我们讲道德修养，实际就是提倡好的，摒弃不好的，所以首先要知道什么是好、什么是不好。

是非善恶观念不是每个人都有的吗，为什么还要养？其实是要养成正确的是非观。比如，有人并不认为去饭店吃完饭后将吃剩的东西打包带走是一种善行，相反，他认为这会显得自己非常小气、吝啬，是使自己丢面子的行为。如果抱定这样的是非观念，恐怕他越强调修养，会在错误的道路上走得越远，正所谓南辕北辙。

怎么养成正确的是非观呢？套用一句思想品德教育课常说的话——要树立正确的人生观、价值观。有两种常用的方法，一是不违心，使自己内心感觉不安的事情就不要去做；二是从众，尊重大多数人的做法。但两者皆有缺欠。如果没有一定的修养，内心还存在一些乌七八糟的东西，不违心有时候也难免做出丑行；大家都在做的事情，也不见得就是正确的。可见，树立正确的是非观，看似容易，实际也不简单。

“养”是培养、是滋养，主要是在日常生活中，养成自己的同情心、羞耻心、恭敬心、自尊心，树立正确的是非观。

不论是“修”还是“养”，都是慢功夫，不可能一蹴而就。讲修养，要有一颗恒心。要从生活中的点点滴滴做起。刘备临终前告诫儿子“勿以恶小而为之，勿以善小而不为”，说的就是这个道理。高谈阔论，却没有实际行动，只是痴人、傻人，因为他永远得不到修养带来的好处，体会不到修养带来的内心深处的喜乐。修养的关键是实践，要落到实处。不在于说得如何，也不在于懂得多少，关键在于做了多少。做多少，得多少。

最后，关于文学修养、艺术修养，顺便谈几句。

在我看来，文学修养、艺术修养，首先是要培养一种境界。能欣赏交响乐是一种艺术修养，能欣赏京剧同样是一种艺术修养，两者也存在共同点，那就是，要理解那种境界。文学修养也是如此，要会欣赏文学作品，就要有理解作品的境界。这种境界，或者说意境，也是一种说不清、道不明的东西。说京剧唱得好，究竟怎样算唱得好，懂京剧的人自然知道，但对于不懂的人，你如何向他解释呢？我觉得，这是一种无法用语言和文字来传递的感觉，需要你敞开心扉慢慢去领悟，京剧也好、交响乐也好、文学作品也好，当它能够引发你内心深处的共鸣，能够影响你的情绪时，你就已经懂得了，会欣赏了，也就具有相应的修养了。当一句京剧唱腔使你忍不住发自内心要喊出一个“好”来，你就是懂京剧的人，你就具有这方面的艺术修养了。

懂得欣赏，知道喊好，就有了兴趣，而兴趣是最好的老师，因为喜欢而深入研究，那么，这方面的修养也就越来越深了。对于文学和艺术来说，都是因喜欢而学习，因欣赏而研究，这个过程，就是培养文学修养和艺术修养的过程。

文学修养、艺术修养远不如道德修养重要，但也是人生不应该完全忽视的素质。文学修养能带给人内涵，艺术修养能带给人气质，都是性格修炼上不可或缺的。修道、修德，有内涵、有气质，才是最理想的人格，才是我们谈修养的终极目标。

谈学习

现在一谈到学习，人们马上就想到读书，甚至想到做题，好像只有这样才是学习。实际上，《论语》开篇第一句话，是大家都熟悉的“学而时习之”。以此开篇，既强调了学习的重要性，同时也点明了学习的方法，就是要学，还要经常练习，也就是在实践中运用自己学到的东西。显然，学习并不局限于书本。而我们现在学校教育所教、通过书本所学的内容，似乎也没有多少是可以在生活中去练习、去实践的。

古人所说的学习又是学什么呢？若想了解孔子的弟子们“学”的是什么，就要首先知道他们“习”的是什么。

《论语》上的两条很足以说明这个问题：

> 子曰：“参乎，吾道一以贯之。”曾子曰：“唯。”子出，门人问曰：“何谓也？”曾子曰：“夫子之道，忠恕而已矣。”
>
> 子贡问曰：“有一言而可以终身行之者乎？”子曰：“其恕乎！己所不欲，勿施于人。”

孔子对弟子曾参说，自己的全部思想可以“一以贯之”，就是可以用一个字来概括，曾参理解，这个字就是“恕”。“忠”是尽心尽力的意思，所谓“忠恕”，就是致力于恕。非常巧合的是，孔子的另一个弟子子贡也曾经问孔子，有没有那样一个字他可以终身奉行的，孔子给出的答案也是这个“恕”字。孔子又对“恕”的含义做出了解释，就是“己所不欲，勿施于人”。可见，曾参、子贡跟随孔子学习的就是一个“恕”字，他们的学习，就是怎样终身奉行这个“恕”的人生原则，怎样在实践中落实这一点。

《论语》上也提到，孔子在向他最喜爱的弟子颜回讲解了什么是“仁”之后，颜回表示：“回虽不敏，请事斯语矣。”颜回的意思是，我虽然并不聪敏，但我愿意努力去实践您所说的这些。《论语》上也提到“子路有闻，未之能行，唯恐有闻。”这是表扬子路，说他在孔子那里聆听教诲之后，在没能落实之前，唯恐又听到新东西。可见子路也是勇于实践的。

曾参、子贡、颜回、子路皆名列孔门七十二贤，可见，孔子最优秀的弟子，都是讲究在生活中落实孔子的教诲的。换句话说，他们随孔子学习，学习知识是一个方面，但更重要的是学习做人。

古人将学做人视为学习的首要任务。朱熹《〈大学章句〉序》：“人生八岁，则自王公以下，至于庶人之子弟，皆入小学，而教之以洒扫、应对、进退之节，礼、乐、射、御、书、数之文。”孩子 8 岁入小学，无论是王公贵族还是平民子弟，首先学习的都是“洒扫、应对、进退”。“洒扫”是培养其勤劳的习惯，“应对、进退”就是教待人接物、为人处世。可以说，都是学做人的内容。而后才是“礼、乐、射、御、书、数”这些知识和技能。所以《三字经》在谈到学习的重要性之后，紧接着讲：“为人子，方少时。亲师友，习礼仪。香九龄，能温席。孝于亲，所当执。融四岁，能让梨。悌于长，宜先知。”讲的就是孝、悌这些做人的最基本原则。

当代的儿童教育仅仅重视知识和技能的培养，显然是片面的。知识、技能不能说不重要，但如果不会做人，不为社会所接纳，其知识、技能再突出，也不会有施展的机会，终究不会成功。众所周知的高分低能、“海归”回国待业变成“海待”等现象，在我看来，都是没有学习做人造成的。责任其实不在本人，而在培养他的家长和我们的教育模式。

一撇一捺写个人，一生一世学做人。这才是学习的永恒内容。怎样学？关键是一个“习”字，就是要在生活中练习、实践，将所学落到实处。孔门弟子已经为我们做出了非常好的榜样。

从前，流传着一句形容打把式卖艺人的话：“只说不练嘴把式，只练不说傻把式。”当下，似乎看不到“傻把式”了，但是，“嘴把式”却比比皆是。谈修养、学国学、讲格局、论境界，说得头头是道，一言一行都没有体现在实处，自己的为人处世没有任何改变，学到底，也只是“嘴把式”。学习不能学在嘴上，要学在行动上。

再好的理论、思想，不落实，也是空谈。学了企业管理的理论，回来后不落实在自己的企业管理上，企业怎么可能出现变化？学了做人的道理，不照着去做，人生怎么可能出现改观？不实践就不能给自己的人生带来实实在在的益处，那么，学这些道理还有什么用呢？认为国学大而空，不能“落地”的人，恐怕都是不肯在生活中落实国学教给我们的人生理念的人吧！

说到这里，就体现出国学老师的难了，他不仅要能讲，还要能“行”。讲管理的老师不一定非要有管理企业的经历，他只要能从理论上指导，没有人会加以质疑；讲国学的老师则不然，如果他身上体现不出他所说的内容，人人都会质疑。或许我们对国学老师的期望值过高了，但是我认为，人文学科学者本来就应该如此，他不仅要传播知识，还要体现人格的魅力。这才是人文学者的可贵之处。

谈“师”

在我看来，学者、专家、文人、老师具有不同的内涵。从事学术研究的是学者；专门从事某一领域研究而且研究得极为精深的是专家；毕生与文字为伍，读书为文已经成为他的生存状态，他的喜怒哀乐都与文字息息相关的才是文人；而从事教育工作的就是老师了。

称我为老师，我坦然接受，因为这是我的职业；称我为学者，我也可以不必谦虚，因为我也确实做过一些研究工作，不论水平如何；称我为专家，我就有点觉得惶恐了，因为我不敢说我在某一领域的研究是精而深的；称我为文人，我只能说愧不敢当，实在推辞不掉，也会老脸为之一红。

但是，真正令我动容的却是一个与老师有关的概念，“师”。

不要小看这个字，古代每个孩子入学，第一件事是对着“天地君亲师”的牌位行礼。“师”上与天地并列，中与君主、最高统治者并称，下与“亲”，也就是父母双亲相当，这是多么崇高的地位。我们现在设立教师节，称老师为“人类灵魂的工程师”，好像捧得已经无以复加，但与古人对“师”的地位的界定相比，还是差得远了。

这里，我非常谨慎地用了一个“师”字，而且还打上了双引号，就是要表示我这里所说的“师”是有特殊含义的，与我们当下通用的老师这个概念是不同的。

什么是“师”？

唐代大文豪韩愈曾写过一篇非常有名的文章《师说》，他对“师”的界定是：“师者，所以传道、授业、解惑也。”也就是说，“师”的责任有三项，“授业”指教授学业，就是传播知识；“解惑”指可以帮助学生解决人生困惑。那么，什么是“传道”呢？

韩愈在《原道》一文中讲道：“博爱之谓仁，行而宜之之谓义，由是而之焉之谓道。”“仁”就是博爱，以博爱为行为准则，使自己的言行都符合这一行为准则就是“义”，沿着“仁”“义”的道路走下去就是“道”。由此看来，作为“师”的首要职责的“传道”，就是倡导儒家的核心概念“仁”“义”，教会学生按照这条道路走完自己的人生。什么是“传道”？一句话，就是传播道义。

很显然，当代，老师这个职业仅仅体现了“师”的一项职责，就是传播知识。在我看来，不能传播道义、解决人生困惑的，不能称之为“师”，这是老师和“师”的差距。真正的“师”才配与“天地君亲”并列，学者、专家、文人、老师等等，都不配。

历朝历代给孔子加上过许多荣誉称号，我认为，最吻合的就是最常使用的“至圣先师”这个头衔。孔子是伟大的圣人，是因为他是伟大的“师”。孔子应该是所有想当“师”之人的榜样。

不仅传播知识，更要传播道义、为学生解决人生困惑，这才是“师”的人格魅力之所在。如果问我 21 世纪的中国最缺的是什么，我的回答是，缺少真正的“师”。或许是缺少有着

“师”的人格魅力的人。也许我们可以由此抽象一点来说，是缺少一种人文精神。当这种“传道、授业、解惑”的人成为一个群体，成为中国社会的脊梁，并受到广泛尊重的时候，中国才会真正崛起。当下有些所谓的专家、学者谁能扛起这一重任啊？不说也罢。中国的崛起还有一段路要走。

韩愈曾说：“师道之不传也久矣!”韩愈曾经感叹师道的没落，当下就更不必细论。

顺便说一句，大师本来指“师”中的佼佼者，本来是褒义词，但在当下，却被用得臭了，已经隐约变成贬义词了。一听到大师这个词，不知为什么，我的脑海中总是与道貌岸然、龌龊骗钱联系起来，所以我极反感人家称我大师，这倒不是出于谦虚。

我希望自己成为合格的“师”，虽然未必做得到，但心向往之。

谈读书

1957 年，周恩来总理陪苏联领导人伏罗希洛夫到西湖边的蒋庄拜访马一浮，伏罗希洛夫问起马先生在研究什么，他的回答是："读书。"作为马一浮先生的弟子，金景芳先生总结自己一生只做了三件事：读书、写书和教书。可谓深得马先生真传。

读书乃是学者、文人毕生最重要的事情，也是所有讲究修养的人的日常功课，但怎么读呢？

我觉得，读书可以分为六种情况，为解闷而读书、为娱乐而读书、为充实自己而读书、为获得知识而读书、为研究而读书、为读书而读书。各种情况下，读法还是不同的。

或茶余饭后、闲极无聊，或孤寂长夜、无法入睡，或漫漫旅途、百无聊赖，或无奈等候、诸事不宜，或无所事事、偶然兴起，此时，信手拈来，不论是书、是杂志、是报纸、是手机、是 iPad，也不论是新闻、是评论、是时尚、是小说、是八卦，姑且读读，以打发时间，以缓解无聊和寂寞，这就是我所说的为解闷而读书了。这种读书，什么都不为，什么都不想，固然也无所谓读书法，随心所欲地看下去就是了，但还是有一点禁忌的，那就是不要吸纳负能量。

《论语》上讲"子不语怪、力、乱、神"，即孔子平常不谈稀奇古怪的事、不谈暴力事件、不谈犯上作乱的事、不谈神秘玄虚的事。为什么如此？无他，套用当下时髦的话，就是不传播负能量。可是现在打开网络看一看，似乎都是孔子所不谈的“怪、力、乱、神”。这种东西读得多了，很难不受其影响，想要不“愤青”也难。

看闲书、闲看书，最好选取与自己性格互补的内容，不要强化自己那些已经极端的性格特征，导致走向偏执。俗话说“老不看《三国》，少不看《西游》”，《三国演义》中颇多阴谋，《西游记》中全是虚幻。老年人久经世故，已经够圆滑了，不宜再多接触阴谋，弄得人老成精、奸猾无比，毕竟不是什么好的评价；小孩子本来天真烂漫，满脑子的幻想，再读些个虚幻的故事，实在不利于他们走向现实、走向成熟。就是这个道理了。

还应该回避能够助长自己性格中的弱点和缺点的东西。本来伤感如林妹妹的人，再常常读一些悲剧故事，即使不抑郁，也要终日以泪洗面了。本来性格粗暴的人，自然不宜常常读一些李逵、鲁智深的段子。

比之为消闲而读书，稍微上一点档次的，是为娱乐而读书。这种人不一定有大把的空闲时间，甚至是要抽时间、挤时间来读一点书的，因为他们将读书视为一种乐趣。或许，他们是要从读书中找一点乐子的。既然是为了找乐子，那么读书法也就很简单了，什么能给自己带来快乐就读什么。

但切记，既然是来找乐子的，那么凡事就不要太认真。比如说，有的朋友喜欢读玄幻小说，网上多的是，下载来读就是，而不必计较其情节是否合理，其人物刻画是否到位，其所涉及的历史背景是否准确，若是斤斤计较这些，会影响阅读的乐趣的，就与读书的出发点相矛盾了。当然，专门以挑书中的错误为乐趣的人另当别论。

这种读书，一句话，尽兴而已。喜欢就读下去，兴致已尽，就换一本。大可不必守着曾国藩说的“读书不二”。但兴趣最好广泛一些。

若要再上一点档次，为娱乐而读书也可以追求一下意境。古代形容为娱乐而读书的名言，流传最广的可能是“雪夜闭门读禁书”了。想想看，大雪封门，漫漫长夜，既无处可去，又无事可做，万籁俱寂，孤灯难眠，怎样打发这孤寂之夜呢？正好偷偷地读平日里不敢拿出来的禁书。大雪之夜，必定没有人来，不必担心被发现，大有一种堂而皇之地偷尝禁果之意。此中的快意，是无法与人分享的。我觉得，这同时也反映出一种意境。纷纷白雪，天地一片苍茫，关起门来，物我两忘，挑亮一盏孤灯，映着银装素裹的世界，簌簌的落雪声，伴随着偶尔哔剥的灯花声，更使万籁平添一份静谧。在这种氛围下，静静展开一本禁书，带着想知道此书为什么被查禁的好奇心，如饥似渴地读下去，此境此景，真可谓人生一大乐事。这种意境、这种氛围，不仅增添阅读的快乐，也可以说，是一种品位。

比之为娱乐而读书再高一档次的，是为充实自己而读书。这是一种有目的的修炼，虽然也能从中体会到阅读的快乐，但却不是以追求快乐为目的。

要充实自己，提高个人修养，而不是功利性地要从书中得到什么，那么，最应该注意的是书的选择。

我认为，选择阅读的各类书依次应该是：思想或学术经典、文学经典、阐释经典的著作、文摘类著作、心灵鸡汤类著作、历史类著作、随笔及各种文学作品。若是有心有闲，可以按上边的类别，一类一类地读下去；若想速成，就各类选若干种，给自己定一个书目，制定一个读书计划。但不论如何读，各类书的选择应该呈金字塔形，越是排序在前的类别，选读的书越少；越是排序在后的书，选读的量应该越大。

书籍总量虽然非常大，但能称得起经典的实在是不多。就拿国学，或者说中国传统思想文化为例，在我看来，儒家的经典必读的只有两部，作为“五经”之首的《周易》和作为“四书”之首的《论语》，道家的经典是老子的《道德经》，法家的集大成者是《韩非子》，再加上《墨子》，先秦四大“显学”儒、墨、道、法，就基本齐备了。如果再加上佛教典籍《金刚经》《心经》《六祖坛经》，以及《荀子》《孟子》《孙子兵法》《文中子》，到这儿，所谓儒释道三教，所谓诸子百家，其经典也就读得差不多够了。

文学经典也不多，所谓“熟读唐诗三百首”，其实各类体裁的诗、词、曲加起来读到三百首，就已经很不错了，而不仅仅是唐诗。就古典小说而言，除“四大名著”外，再加一种四大名著未曾包括的类别——讽刺小说，看看《儒林外史》，也就可以了。古典小说中大量的才子佳人类作品，情节雷同、千篇一律，实在没有阅读的价值。这类东西我小的时候很是读过一些，如《平山冷燕》《玉娇梨》之类，后来实在读不下去了。

在《红楼梦》一书中，曹雪芹借贾母之口，谈到对这类书的批判：

> 这些书都是一个套子，左不过是些佳人才子，最没趣儿。把人家女儿说的那样坏，还说是佳人，编的连影儿也没有了。开口都是书香门第，父亲不是尚书就是宰相，生一个小姐必是爱如珍宝。这小姐必是通文知礼，无所不晓，竟是个绝代佳人。只一见了一个清俊的男人，不管是亲是友，便想起终身大事来，父母也忘了，书礼也忘了，鬼不成鬼，贼不成贼，那一点儿是佳人？便是满腹文章，

做出这些事来，也算不得是佳人了。

阐释经典的著作要读得相对多一些，这与读经典实际上是配套的。比如说读《论语》，守着《论语》原文，很难理解，就是古文基础很好，能看懂，其含义恐怕也理解不上去，这就必须配合着读一些前人阐释《论语》的著作。阐释经典的著作也很多，读不胜读，也应该选取几种经典性的才是。

文摘类或心灵鸡汤类著作，在我看来，属于阅读中的快餐类，对增加人的修养，影响更直接一些。这类著作的经典，也是别有一番韵味的，是其他类书所无法取代的。

历史类著作，不论是精品的专业著作、教科书，还是通俗作品，都可以大量阅读。随笔及各种文学作品也是这样。

但上述分类存在的最大问题，是能不能读得进去的问题。如果先从经典开始，可能大多数人会读不进去，所以，先挑自己能读进去的类别开始吧，慢慢培养兴趣，再过渡到原本读不进去的类别。

大多数人读书，都是为获得知识或能力，是有一点功利性的，这样的读书因为不得已，想从中得到阅读的快乐也就比较难了。

既然有功利性，就应该讲究读书的方法了，以求利益最大化。我自己也功利性地读了几十年了，总结起来，方法似乎有以下三点。

其一，查阅法。如果仅仅是想了解某一知识点，那么最好的方法就是查阅相关书籍。查阅的次序，我建议，依次为工具书、教科书、专业书。

为增加知识的阅读，首先应追求准确，所获得的知识点要准确。各种工具书对知识点的介绍优点是准确，缺点是简略。如果这些简略的内容你觉得已经够用了，就可以作罢；如果不满足，想了解更多的细节，再去查相关的教科书，尤其是大学本科的专业教科书，因为教科书也是强调知识点准确的。如果还想深入了解，再去查阅专业的、专门的著作。

举个例子。读了毛泽东的词："惜秦皇汉武，略输文采；唐宗宋祖，稍逊风骚。"想了解秦始皇、汉武帝、唐太宗、宋太祖这些皇帝的业绩与影响，第一步可以去查《辞海》《中国历史大辞典》等工具书中的相关词条，第二步可以参阅历史专业本科教科书，第三步则是读当代历史学家为这些皇帝写的传记。若是还不满足，自己动手翻阅古书、搜集资料，形成自己的看法，那就是研究了。

很多朋友获取知识点的途径，要么是道听途说，要么是网络，信息的来源不清楚，准确性无从把握，却偏偏坚信不疑，这就使自己的知识结构整体地搭建在不准确甚至是错误的知识点之上，最终的结果是，他的知识体系是扭曲的，连带着他思考问题的方法也不可能正确，更不可能得出正确的结论，在这种知识基础上，想有智慧，绝不可能了。

我身边有许多修佛的朋友，有了问题，不肯去查查工具书，读读教科书，对于佛经，要么束之高阁、从来不读，要么只讲究读多少遍有多少福报，而不思其义，关于佛教教义的知识多来自民间传说，最后所作所为与佛经上释迦牟尼的教诲相去甚远，这修的还是佛吗？我常常为之感叹。知识来源不正确会害人的，由此可见一斑。

其二，归纳法。就是通常所说的将书越读越薄，要善于将书中的精华浓缩并整理出来。

再经典的书，其内容也不全都是有用的，或者说，不会全部都是我们所需要的，因此，读书的过程也就是一个提炼的过程。读书若能记住全部内容当然是好的，但我们都不是过目不忘的天才，要想全部记住，必将耗费相当多的时间和精力，显然效率太低了，所以需要对书的内容进行提纯、浓缩，最后只记住这些精华，自然就容易得多，可以大大提高阅读的效率。从功利性目的角度而言，效率是必须的。

书本身的价值，与其可能的精简程度有关。越是难以精简的著作，就越是精品，甚至是经典。每每觉得压缩就不得不割舍精华了，这就是经典的特点。

最极端的归纳法，有所谓的一页纸训练。要求必须用一页纸的篇幅将某部书的内容概括出来。这不仅仅是读书法，也是训练思维的好方法。但如果不是从事行政工作，或是专门做文案工作，这种训练对于大多数人来说却是不必要的。不过，要想有意识地进行思维训练，我倒建议可以由此入手。

掌握了归纳法，也就学会了在阅读时自动过滤书中的某些内容，这样可以有效提高阅读的速度。对于功利性的阅读而言，速度也是必需的。在信息爆炸的当代，阅读速度显得尤其重要。

其三，联想法。就是通常所说的将书越读越厚。这是读经典著作最常用的方法。

当然，在将书读厚之前，还得先将书读薄。将一部经典著作读薄，就是明晰其思想脉络、整体的框架结构，好比是搭起一副骨头架子，接下来的读厚，就是往骨头上附加血肉的过程。

所谓读厚，所谓联想，有一个网络用语可以对此做最恰当的形容：链接。在本书的架构下，链接上与本书的内容相关的知识点、其他书的相关内容、相关的问题、自己的思考等等。加上这些链接的内容，字数自然会比原书多得多，所以叫将书越读越厚。这也是一个知识系统化的过程，也是一个思考的过程。能将书越读越厚，才具备在脑海中建立某一方面知识体系的能力。当然，这是以拥有一定的阅读量为前提的。

有些人喜欢在书上加批注，实际上这就是将书越读越厚的初步体现。

为研究而读书是学者们的事情，在我看来，属于一种专业技能。我个人就是从事这种职业的，自认为还具备这种技能，但因为这种读书与你们大多数人无关，这里且不说吧。

最后一种，为读书而读书的人，没有任何目的性，就是生活中离不开阅读，换句话说，读书已经成为他的生存状态。

我的一位朋友就是这样的人，我们戏称他为“书虫”，就是他必须生活在书里。短时间离开书，会觉得手足无措，相当不自在，长时间离开书，就觉得活着实在没有什么意思了。他读书也没有选择，只要有字，什么都行，从哲学、音韵学著作，到各种历史读物，甚至玄幻、修真小说，真的是无所不读。他也不想学什么，也不在乎是否记得住，就是享受这一阅读的过程，这几乎就是他的生命。

历史上，为读书而读书的人以北宋的钱惟演为代表。钱惟演是“西昆体”诗派的代表作家，生平最大的嗜好就是读书。他自己对人讲：“平生惟好读书，坐则读经史，卧则读小说，上厕则阅小辞。盖未尝顷刻释卷也。”

说实话，我不想做这样的读书人，也不希望弟子们成为这样的读书人。因为我觉得他是生活在另一个世界里，也就是陷在读书的世界无法自拔了。但对于这样的读书人，我是充满着尊敬的。原因无他，喜欢他们对书的忠诚与执着。

谈时间

我们经常会问他人有没有时间。问人家有没有时间，潜台词就是我要占用你一点儿时间。当然，对于这个问题的答案，有的人回答是肯定的，有的人回答是否定的。抛开不愿意让你占用我的时间而说谎的情况不论，真实的情况也是分两种的，有的人真有时间，有的人真没时间。

任何人都不可能永远有时间。在你问到时，总是回答有时间的人，那是你真正的好朋友，是你生命中最应该珍惜的人。因为他总是把你的需要放在第一位，他的时间永远为你保留着。你应该想到，为了对你说“有时间”，他不得不向其他人说“没时间”。没有时间的人，只能说明他不想发展与你的关系，或者说他没有给予你足够的重视。

遗憾的是，最常说有时间的人，却常常是最被忽视的那个人。因为他总是有时间，所以先不必考虑他，而是优先考虑那些常说没有时间的人。由此我们就陷入一个思维陷阱，结果是不自觉地重视那些忽视你的人，却忽视了那些重视你的人。

我们为什么一定要占用那个总是对你说没时间的人的时间呢？答案只有一个，就是我们有求于他。想想看，一个不想发展与你的关系的人，或者说得再直白露骨一点，一个根本不愿意理你的人，或是一个根本不重视你的人，还能帮你办事吗？

你能求得动他吗？当然，这个道理是每个人都懂的，为了求得动，就得靠送礼了，或者说得严重些，靠贿赂了。于是我们就陷入第二个思维陷阱，总是从金钱出发来衡量人际关系，人际关系完全变成了买卖关系。

也许可以说，当你忽略了总是对你说有时间的人之后，你的人际关系已经就是买卖了。当人际关系全部都是赤裸裸的金钱关系的时候，人已经为金钱所奴役。

我们现在都注意到一个社会现象，礼金越来越重，人情越来越薄。人是有感情的动物，有“情”才是人，没有了“人情”，人还是人吗？没有人情，社会将会变得无比冷漠而丑陋。

时间是公平的，每个人的一天都是 24 小时。有没有时间，取决于怎样分配。分配时间的方式虽然因人而异，但除去吃饭、睡觉这些保证肉体需要的时间之外，无非是用于工作、用于学习、用于享受生活的。换个角度说，就是把时间留给同事和客户、留给自己、留给家人和朋友。

重视学习的人，首先把时间留给自己，对同事、家人、朋友，都经常要说没有时间了；重视享受生活的人，首先把时间留给自己和家人、朋友，就要经常对在职场接触的人说没时间了；重视工作的人，首先把时间留给职场，就要对家人和朋友说没时间了。可以说，不同的时间分配方式，决定了不同的生存状态。

每个人的人际关系，实际上都好像是一些同心圆，圆心是自己，自己接触的人，按照关系远近，将他们放在某一个圆周上。当然，离圆心越近的圆周上的人，我们就越会对他们说有时间，离圆心越远的呢，我们就会经常对他们说没时间。可以说，从有没有时间，可以看出人际关系的远近。判断自己在他人心目中的地位，或者是某个人对自己关系的远近，其实很简单，就看看他对你说没时间的频率就可以清楚知道了。

在这个世界上，最不公平的也是时间，有的人忙得要死，有的人却闲得要命。

闲得要命的人，他们的人生注定是雁过无痕。不论他们活着的时候拥有怎样的地位，多少金钱、多大权势，他们什么有意义的事都没做过，他们注定不会在历史的长河中留下任何的印迹。我认为，这样的人生不值得羡慕，更不应该追求。

古人讲“不能流芳千古，也要遗臭万年”，我讲，就是一句话，要证明自己曾经来过。遗臭万年显然是我们不支持的选项了，尽可能还是要流芳千古，所以古人才有“三不朽”之说，讲究的是立功、立德、立言。

忙得要死的人，大多也未必能证明自己曾经来过。因为他们忙的只是眼前，并未想到以后。

就如同我们担心的事情最终百分之九十并未发生一样，我们忙碌的事情，恐怕百分之九十也是没有意义的。如果发现自己每天都忙得要死，那么，很应该反思一下，你忙碌的事情都是必须做的吗？不要光想着低头拉车，也要知道抬头看路才好。

在我看来，忙得要死的人可以分为以下几种类型：

享受忙碌型。他很享受这种忙得没有喘息机会的生活节奏，他以此为乐，这种人就只好不要去管他了，让他忙吧，他闲下来会生病的。

身不由己型。他并不想忙，但领导压下来的工作太多，不得不做。这种人，需要提高工作效率，同时也需要有应对忙碌的智慧。若能从忙碌中解脱出来，他的能力就能上一个新台阶。

事必躬亲型。不会将工作分解，凡事都要亲自去做，就像小品《装修》中说的，就是买一颗螺丝钉也要自己打车去。这种人忙碌的原因在于没有团队意识，不知道分工合作的重要性。

不放心型。总是对交代出去的工作不放心，担心别人干不好，所以就一直跟在后面指导、督导、检查、验收，结果凭空给自己找了不少的活儿出来，忙得不亦乐乎。这种人，潜意识中自视过高，总觉得谁都不如自己，最后不仅自己忙得要死，事情还不见得能办好。这种人，应该时刻提醒自己：给别人一个锻炼的机会吧！

还有一种人是无事忙。本来只有一点点事情，就把自己弄了个满负荷。这种人往往是没有规划生活的意识，或许是闲散惯了，一下子有事情，不习惯了。

忙得要死的人，往往都已经迷失了人生的方向。他们每天的生活，就是为了去执行那排得满满的日程表，但这么做究竟为了什么呢？当然，他们能给出自己这么做的理由，他们也能说明自己的人生方向，尽管有种种不同，但归结起来，十之八九离不开一个钱字，或者说两个字：挣钱！

在满足了基本的生活需要之后，挣钱的意义究竟是什么呢？将所有的时间都用在这上面，弄个忙得要死，值得吗？

人在学会了说话之后还应该学会沉默，在学会了工作之后还应该学会休息，在学会了忙碌之后还应该学会偷闲。古诗云“偷得浮生半日闲”，这个“偷”字用得极妙，因此才有“忙里偷闲”这种说法。

虽然有十几项事务等着处理，却先不去管它，关了手机，失踪一个小时，沏一杯清茶，听一段喜欢的音乐，什么都不想，先给自己放一个假，悠闲放松，这种闲真的是“偷”来的。但是，地球在转动，别人依旧在忙碌，而于我，有什么事情是错后一个小时不可以的呢？别人有事找不到我怎么办？地球离了谁都照样转，别把自己看得那么重要，有什么事离了我不可以呢？再者说了，现在通信技术这么发达，如果真是必须你出现的事情，相信他们一定可以想办法找到你的。很多时候你会发现，你在，这就是你的事情，你不得不做，找不到你了，就成为别人的事情，事情也一样圆满完成。

忙人都应该学会偷闲，不仅要享受偷闲的乐趣，还可能发现全新的处理问题的方法呢！

我们现在强调做职业生涯规划，实际上，人生的一切规划都应该从规划时间开始。合理分配时间是一种智慧，有了这种智慧，才会有完美的或最适合自己的生存方式，才能惬意地走完生命的旅程，并给后人留下一路的芬芳。用一句话讲，才能活得洒脱。

谈效率

鲁迅说过，时间就像海绵里的水，只要愿挤，总还是有的。那么，问题是怎么挤呢？也有人说，我们无法决定生命的长度，但是可以增加生命的宽度和厚度，但是怎样增加呢？可能答案只是两个字：效率。

本来应该三天完成的任务，现在只用两天就完成了，就挤出了一天时间；其他人都是每天做三件事情，我可以做五件，这就是增加了生命的宽度和厚度。效率，就是在同样的时间里做更多的事情。

怎样提高效率呢？

首先要有动力，只有感觉时间不够用的人才会想到要提高效率。在退休老人的日常生活里边，他可以用一个上午去给老朋友写一封信，不是信的内容有多么长，这里边包括用半个小时收拾书桌，用半个小时准备纸、笔，用半个小时找眼镜，再用 20 分钟擦眼镜。你如果嫌他效率太低，他会微笑着问你：我为什么要提高效率呢，我现在最不缺的就是时间。

对于年轻人呢，面对大量的工作，想要挤出一点点时间休闲一下，这种忙里偷闲的愿望往往就成为提高工作效率的动力，一定要偷出闲来，结果效率就提高了。提高效率的动力很显然就是感觉时间不够用，要挤出时间来。是时间的压力形成了动力，动力产生了效率。

由此看来，提高效率的最简单也是最实用的方法，就是使自己时间不够用。使自己满负荷甚至超负荷，就会逼出效率来。

人的潜力是很大的，但常常因为我们不肯逼自己，这些潜力便发挥不出来。不能激发自己的全部潜力，怎么可能超越自我？

我常常是把自己的日程排得很满。当然，我还要偷闲，再加上十之八九会出现一些意想不到的事情，所以，执行这个日程表时，就必须有超出原计划的效率。这么些年来一直在逼自己，逼来逼去，有无成就且不说，倒是琢磨出来一些提高效率的具体方法。

我偷闲最常用的方法，可以称之为时间上的零存整取。工作时，将一切零星时间都利用起来以提高效率，最后就可以积攒出整块的时间用来休闲了。

我读硕士时的导师张博泉先生，他的书屋名为“三余”，就是要把一切剩余的零散时间全都用来读书。他 60 岁以前从来不睡午觉，因为耽误时间。按我师兄对他的评价，先生论智力不过中人，但他却是著名的辽金史、东北地方史专家，晚年提出“中华一体论”，在学界影响极大。作为研究中国古代史的学者，他竟然是吉林大学历史学科的老师中最早一批被英国剑桥大学收录到《世界知识分子名人录》中的学者之一。应该说，“三余”与先生所取得的成就密切相关。

“三余”这一概念最早出自三国时期的董遇。董遇是当时的著名学者，精研《老子》《左传》，对于向他求学的人，他的要求是，先将原书读 100 遍，理由是“读书百遍而义自见”。有人抱怨说没有时间，他教人用“三余”时间读书。人家问他什么是“三余”，董遇的回答是：“冬者岁之余，夜者日之余，阴雨者时之余。”

从今天的角度讲，董遇教人用“三余”时间读书，就是不仅要利用“上班”时间，还要利用“业余”时间。对当代的大多数人来说，拿读书当上班是极不现实的，读书更主要的是在“三余”时间，读书本身就是业余从事的事业。

与“三余”类似，古代还有“三上”之说。唐宋八大家之一的欧阳修曾经讲：“余平生所作文章，多在三上，乃马上、枕上、厕上也。”作为古代著名文学家，欧阳修的文章多是在“马上”也就是旅途中、“枕上”也就是睡觉前，甚至是在上厕所的时候构思出来的。真可称为利用零散时间的典范了。张博泉先生的“三余”，指茶余、饭余、厕余，就是受欧阳修“三上”的影响。

提高效率的关键在于专注，专心做事效率才能高。就像孩子学习一样，一边学一边玩，肯定学不好，也没有真正享受到玩的乐趣。

机器是提高效率的产物，要提高效率，就应该像机器那样精准地运行，没有任何多余的动作，这就是专注。

曾有一位老总跟我抱怨，说他忙得连饭都顾不上吃，到下午三点半才吃午饭。可是我注意到，在他所谓繁忙的这大半天时间里，办公室打着电视，用他的话说，就当背景音乐了；他一边布置着工作，一边跟手下聊着天、开着玩笑，本来 3 分钟可以说完的事情，他总得聊个十几分钟；来请示工作的副总，被他邀请先坐下喝茶，结果是他又给副总讲了近半个小时的茶道，才步入正题。这样的工作状态效率怎么可能高？本来没有多少事情，却把自己搞得手忙脚乱了。

工作也是一种艺术，应该像艺术体操那样，去掉一切非规定动作。要提高效率，就要考虑如何给你的工作程序“瘦身”，而不要往里边“兑水”。精心提炼你工作的规定动作，不要有任何多余的动作，然后严格按规定动作执行，效率肯定会得到大幅度提高。

在管理上，刚性管理的代表就是泰勒制。泰勒提倡的科学管理，最重要的一环就是设计标准化的操作方法，教会每个工人都按照这种最佳动作从事生产。

工作中应该心无旁骛，专注地向前推进。一旦进入这种状态，你会发现，就如同飙车时把油门踩到底车速直线上升那样，你的工作效率也越来越高。

提高效率的另一个方法是使自己兴奋起来。就拿记忆来说，看一部好莱坞大片，为什么看一遍情节谁都能记住，而看书很多人就记不住？关键在于外界的刺激程度不一样，因而导致人的兴奋程度不一样。如果我们读书时能像看好莱坞大片那样兴奋，也一样会记住。兴奋不仅可以提高记忆的效率，实际上，兴奋也可以提高我们做任何事情的效率。

我听过这样一个故事，不见得真实，但值得玩味。说改革开放初期，一位有意在中国投资的外商来某国企考察，在了解到工人的工资水平之后，他私下里对秘书说：“你看他们给工人开那点儿钱，工人们真应该什么活儿都不干。”等到参观完车间之后，他又私下里对秘书说：“你看工人们干那点儿活，真不应该给他们钱。”

没有效率会影响到工人自身的收入，实际上，没有效率对我们的影响，恐怕远远不止是收入。改革开放给中国带来天翻地覆的变化，其核心就在于提高了效率。

有没有效率是两种完全不同的人生态度。在这个高速发展的时代里，要想跟上时代的步伐，与时俱进，就一定要提高自身的效率。

谈境界

当下，常常听人们谈起境界、格局、视野、心胸等概念，还有“心胸有多大事业就有多大”“格局决定结局”等非常有震撼力的格言警句。人生确实应该有大境界、大格局、大视野、大心胸，但是，怎样提升境界、扩大格局、拓宽视野、打开心胸呢？

《庄子·秋水》讲到一个故事。惠施在梁国任宰相，庄子要去见他，有人告诉惠施说：“庄子来，是想取代你做宰相。”惠施非常担心，开始搜捕庄子。庄子知道后去见惠施，对他说：“南方有一种鸟名叫鹓鸰，你知道它吗？从南海起飞，飞到北海去，不是梧桐树不栖息，不是竹子所结的籽不吃，不是甜美的泉水不喝。鸱鹰拾到一只腐臭的老鼠，当成美味，正巧鹓鸰从它面前飞过，鸱鹰以为鹓鸰要来跟它争夺这只腐鼠，仰头发出‘吓吓’的恐吓声。现在，你也要因为梁国而向我发出‘吓吓’声吗！”

鹓鸰对腐臭的老鼠不屑一顾，鸱鹰却当成宝贝，这是视野上的差距。鸱鹰以为鹓鸰是来跟它争夺烂老鼠的，把鹓鸰当成竞争对手，实际上，鹓鸰忙着飞往北海，完全无视鸱鹰的存在，这是心胸、格局方面的差距。鹓鸰的志向是流连于南海、北海之间，栖息于梧桐树上，鸱鹰只是在自己的小小领地上觅食，想的只是怎么混个温饱，这是境界上的差距。

鹓鸰与鹞鹰，用我们今天的话说，完全不在一个层面上。原因何在？一句话，两者的生存状态不一样。

决定人的境界、格局、视野、心胸的，首先是生存状态。不仅鹓鸰与鹞鹰如此，想想看，首相的孩子放学回家，碰见的陪他老爸喝下午茶的叔叔们，都是同龄孩子常在电视新闻里看到的人物，其他都不论，就是这种氛围的熏陶，就决定了他的境界自然高于同龄人。若是老爸再有意培养，让他端茶送水，甚至是叨陪末座，听到的不是国际政治就是金融危机、未来经济走势，随便谁的几句话，都是高屋建瓴，耳濡目染之下，想境界不高都难。若这孩子放学回家，碰见的都是退休老人、失业人员，正凑成一桌麻将，一边打牌，一边骂张家之鸡、咒李家之狗，闲谈也无非是菜价涨了几毛、哪家的油豆腐好吃还便宜之类。在这种生存状态下，想要孩子有高的境界，势比登天。

俗话说："读万卷书不如行万里路，行万里路不如阅人无数，阅人无数不如陪伟人散步，陪伟人散步不如明师指路。"能常陪伟人散步确实能提升人的境界，但是，你有机会陪伟人散步吗？如果能常有那个机会，你得与伟人具有相似的生存状态，换句话说，你已经是伟人了，已经不需要通过与伟人散步来提升自己的境界了。说白了，这种世俗的说法虽然在理论上有道理，但在实践上基本是不可能的。

其次，决定人的境界、格局、视野、心胸的，是其所受的教育。北大、清华的毕业生，与某某专科学校的毕业生，即使是同一专业、使用同样的教材，差异仍旧存在，其他不论，校园文化就不一样。现在很多中国人拼命送孩子出国留学，不外是想换个环境，接受更好的教育，但无意中，也起到了提升境界的作用。

生存状态也好、所受教育也罢，只是给人提供不同的机遇，并不能决定人的境界。贵族子弟不成器的大有人在，所以才有“纨绔子弟”这个词，北大、清华的毕业生也不乏眼高手低、碌碌无为的人。在我看来，决定人的境界、格局、视野、心胸的关键是自我修炼。

人的生存状态和所受的教育很难把握，但是修不修炼，全在自身。

修炼的核心是提升境界。境界得到提升之后，格局自然会扩大、视野自然会拓宽、心胸自然会打开。何以提升境界？最关键的是确立远大的理想。小的时候老师就总教导我们要树立远大理想，提升境界，但那个时候并不明白，直到 40 岁以后才明白。

树立远大理想，并专注地向着理想前进，自然就会忽略与实现理想无关的很多东西。鹓鸰志在北海，有此大境界，自然不屑于飞下来吃一只腐烂的老鼠。以统一天下为己任的帝王，有此大战略，自然不会在乎一城一池的得失。以做百年老店为理想的老板，有此大视野，自然不会在乎一两个月的销售额。像庄子那样以逍遥物外为理想，有此大格局，自然不会去营谋当一国的宰相。以学习古代圣贤、涵养智慧和灵性为理想，有此大心胸，自然不会介意身边人的三两句闲话。

“大”和“小”的区别，用一句话概括，就是不在一个层面上。有“大”的理想，所追求的完全在“大”的层面上，自然就体现出了“大”的境界、格局、视野和心胸；没有“大”的理想，所追求的就会局限于“小”的层面、小的领域，自然变得“小家子气”。

有大的追求，才会有大的收获。鹓鸰如果没有在南海、北海之间翱翔的理想，那么它怎么能找到栖身的梧桐？

理想要大一点，至少要大于你现在生活的圈子。作为大学老师，如果他的理想就是评上教授，那么他一生在学术上的成就也就非常有限了。作为公务员，如果他的理想就是成为所在部门的一把手，那么他在仕途上也就走不远了。作为企业家，如果他的理想就是挣钱养家，自己能潇洒地消费，那么他的企业也就做不太久了。

杜甫诗讲：“会当凌绝顶，一览众山小。”专注于理想能打开人的心胸，心向往“绝顶”，才能有机会体味到“众山小”。在没有想登上最高峰想法的人眼中，所有的山都是高峰；只有那些始终向着最高峰攀登的人，才时时俯视群山。仰望和俯视，视野当然不同。

有了理想，没有行动，跟没有理想毫无差别。要专注地向着理想迈进，才能有所“得”，也才能有所“舍”。

付诸行动，就有收获，这就是“得”。点点滴滴的“得”，就是一级级台阶，使你的境界逐步提升，也使你距理想越来越近，最终达到光辉的顶点。

专注地行动，自然有很多事你会不屑于计较，如同鹓鶵看待烂老鼠，这就是“舍”。舍弃了那些“小家子气”的东西，舍弃了那些低的东西，你才能拥有大境界、大格局、大视野、大心胸，才能变得越来越“高”。“高人”都曾舍弃了很多东西，也许在俗人看来是非常重要的东西。有这种“舍”才会有真正的“得”。明白了这种“舍得”，才能真正理解什么是境界。

人割舍了小的、低的欲望，放下了琐屑与平凡，才能进入高的、大的层面，才能真正高大起来。

每天在自己所在的城市里奔波的人，绝对看不明白这个城市的规划与布局。从其中跳出来，提升一下自己，坐在飞机上俯视，这个城市的规划与布局就一目了然了。抛弃常规，才有智慧；提升境界，看问题自然清晰明了。舍，也是一个跳出来的过程，也是开启智慧的过程。

实际上，我也是从学校走出来给企业家们上课之后，很多事情才算真正地看明白，学校里边的很多事情才能够淡然处之、漠然处之，可以放得下、放得开。我觉得，直到这时，我才明白了“舍”，从象牙塔里跳了出来。

苏东坡诗说：“不识庐山真面目，只缘身在此山中。”如果不登上庐山最高峰去俯视，总是“身在此山中”，肯定总也看不清楚。要想看清楚，要想有智慧，就要向着远大的理想攀登。

提升境界最重要，智慧不过是提升境界的副产品。

谈大境界

谈到境界，顺便说几种古人的大境界，与诸生共勉。

北宋五子之一的张载认为，读书人应该追求“为天地立心，为生民立命，为往圣继绝学，为万世开太平”。马一浮先生称此为“横渠四句教”。1938年，马一浮先生应竺可桢之请，在流亡中的浙江大学开国学讲座，阐释此四句时，已是教授的王驾吾大为感动，拜入先生门下，成为马先生的入室弟子。但可惜的是，张载是如何解释这四句口号的，古书中没有记载。

我理解，“为天地立心”是确立宇宙法则，理清人与大自然之间的关系；“为生民立命”是确立人类社会的法则，理清人与人之间的关系；“为往圣继绝学”，要继承和发展古代圣贤那些快要失传的学识、境界、理想，这才是学问；“为万世开太平”，在前三者的基础上，为子孙后代留下一个太平盛世，这才是事业。

这四句话是张载的大境界。所以张载经常对弟子谈道：“学必为圣人而后已。”学习的终极目标是什么？就是学习成为圣人。

马一浮先生讲：“须知人人有此责任，人人具此力量。切莫自己诿卸，自己菲薄。”我们每一个人都有实践“横渠四句教”的能力，也更有实践“横渠四句教”的责任。不要贬低自己的能力，不要推卸这份责任，按马一浮先生的话说，“方能堂堂正正做一个人”。

孟子曾经解释的“大丈夫”，那也是一种大境界。

> 居天下之广居，立天下之正位，行天下之大道；得志，与民由之；不得志，独行其道。富贵不能淫，贫贱不能移，威武不能屈，此之谓大丈夫。

孟子的意思是，要住在天下最宽广的住宅“仁”里边，要站在天下最正确的位置“礼”上，走在天下最光明的大道“义”上。得志的时候，能带领百姓一起遵循正道前进；不得志的时候，也独自坚持自己的人生原则。富贵不能乱我的心，贫贱不能变我的志，威武不能屈我的节，这样的人才能称得起是“大丈夫”。

坚守仁、义、礼，坚持自己的人生原则，“富贵不能淫，贫贱不能移，威武不能屈”，是一种坚守，更是一种人生境界。我们现在动不动就说什么“男子汉大丈夫”如何如何，对照孟子的标准反思一下，真有几个“男子汉”敢说自己够得上“大丈夫”？不要觉得你娶了媳妇了，就是“大丈夫”了。

我最讨厌的影片，就是借反面人物之口说其做人是有原则的。将做人有原则当成讽刺、挖苦、调侃的对象，在我看来，这种导演的思想境界堪称创历史新低。孔子说：“君子固穷，小人穷斯滥矣。”君子和小人的区别就是，君子即使身陷困境也坚持自己的做人原则，小人为摆脱困境却无所不用其极，将做人的原则完全抛在一边。上述导演，真可作为当代小人的典范。

《孟子·梁惠王》讲：“苟无恒心，放辟邪侈，无不为已。”做人没有原则，不仅会自我放纵，而且任何邪恶的事情也都做得出来了。如果每个人都没有做人的原则，那么这个世界还是世界吗?

明末东林党领袖顾宪成曾撰下面这副对联，也是一种大境界。

风声、雨声、读书声，声声入耳。
家事、国事、天下事，事事关心。

古人讲究的是天下兴亡、匹夫有责，身在陋室、心系天下。所以，范仲淹在《岳阳楼记》中说：“先天下之忧而忧，后天下之乐而乐。”以国事、天下事为己任。周恩来的“为中华之崛起而读书”，与此如出一辙。周恩来能成为一代伟人，与他早有这种大境界密不可分。

儒家经典“四书”之一的《大学》，主要讲格物致知、诚意正心、修身齐家、治国平天下的个人修炼的过程、境界和次第。这也是一种大境界。

说这是修炼的过程，就是想要自我完善的人，都要从格物致知开始，经过诚意正心、修身齐家，最后向治国平天下前进。

说这是修炼的境界，因为其中说出了自我修养的不同层次。格物致知，即了解事物、获得真知，是知识学习的层面；诚意正心，即端正自己的意念、心态，修心，是个人修养的层面；修身齐家，即通过搞好个人修养来管好自己的家，这是前两个层面在实践中的运用，是最简单的运用，也是最切身的运用，是伦理的层面；治国平天下，即治理好国家、实现天下太平，这是对所学的综合运用，也是学习、修炼的最终目的，是政治的层面。

说这是修炼的次第，因为修养都是要从较低层面逐渐走向较高层面。修炼也好、学习也好，都要从知识学习的层面入手，对无知而固执的人，再说什么也没有用了。但像当下的教育一样，只关心知识学习，这会造就一批有知识没文化的人，境界、格局都提升不上去，所以接下来要强调个人修养。知识、修养两个方面都得到完善之后，才能修身齐家，进入另一次第，最后是治国平天下。我们很难想象，连自己的家都管不好的人，会治理好国家，这虽然是两个层面的事，但原理却是相通的。

所谓《大学》，顾名思义，就是“大人之学”。“大人”都要这样去学、去修，也就是“大人”都应该走上格物致知、诚意正心、修身齐家、治国平天下的个人修炼之路。我们都已经不是孩子了吧？是大人了，能否朝着这种大境界努力呢？

《格言联璧》上讲：“宇宙内事，乃己分内事；己分内事，乃宇宙内事。”宇宙内的一切事，都是自己的分内之事，这也是一种大境界。我们更习惯的为人原则却是“事不关己，高高挂起”，“各人自扫门前雪，休管他人瓦上霜”，“是非只为多开口，烦恼皆因强出头”。两相对比，不难看出，境界上真是差着十万八千里。还要提醒大家一句，《格言联璧》是古代的蒙学教材，是教育小孩子用的。古代儿童教育已经在讲的境界，当代又有几人能及？

说来惭愧，我自己追求的境界，比上面说的要低很多，就是两句话：“书有未曾经我读，事无不可对人言。”简单归简单，到现在也不能完全做到。附记于此，也是鞭策自己。

谈智慧

什么是智慧?

在我看来,智慧有两种。一种是可以称之为彻悟的智慧,参悟真理、明白人生、勘破生死、了无挂碍,是大智慧,我们且不去说它。另一种是可以称之为明白的智慧。能看明白一般人看不明白的事情,能找到一般人想不到的解决问题的方法。

智慧不是知识。知识是学来的,智慧是悟出来的;知识可以传授,智慧只能启发;知识可以学会,智慧只能领会;知识凭死记硬背也学得会,智慧却只有靠用心参悟才能领会;知识讲究确凿,一是一、二是二,智慧讲究灵活,举一反三;知识是死的,有客观的评价标准,智慧是活的,运用全在己心。

当下,企业家们非常渴望开启智慧,培训市场投其所好,名为某某智慧的课程也就特别多,我的课最初也是带智慧二字的。但不得不说,以听课、学习的方式求开启智慧,无异于缘木求鱼。为什么?智慧不同于知识,智慧是学不来的。自己不下功夫悟,却赶场子一样四处去听课、学习,学到的都是知识。

如果我理解得不错,大多数企业家追求的是我上面说的明白的智慧,就是要看明白、想明白、处理明白而已。

看明白,就是任何复杂的问题,在他眼里,都如同一盆清水，一眼看到底，不迷惑；想明白，就是任何繁难的问题，在他脑海中，都能够化繁为简，抓住关键，不纠结；处理明白，就是任何困窘的问题，在他手上，都如同快刀斩乱麻，一上手就处理得明白、妥帖。能做到这三点，我认为，就是具有了明白的智慧。当然，其中的关键是想明白。要用头脑去指挥眼睛和手。想明白了，自然也就看明白了；想明白了，才能处理明白。

怎样才能想明白？

首先，要养成思考的习惯。原因很简单，你想都不想，怎么可能想明白。

很多人处理问题都是靠灵机一动。事到临头，脑海中闪现出一缕火花，然后就跟着感觉走了，而不是靠深思熟虑。在我看来，这就是没有思考。长此以往，养成了不思考的习惯，就别奢谈开启智慧了，恐怕十之八九会陷入困境。

令我震惊的是，很多朋友明明是想都没想就做出了决定，他却认为自己思考过了。可能是他把脑海中的灵光一现当成了已思考。因此，要养成思考的习惯，你先要知道自己是不是存在不思考的习惯。

有没有思考实际上很容易区别。如果我问你，这件事为什么要这样处理，你能回答首先因为什么，其次因为什么，第三个原因、第四个原因等等，从理论上讲、从逻辑上讲、从经验上讲、从概率上讲……都应该这样做，总之，能清清楚楚地说明你这样做的理由，就证明你是有过认真思考的。如果答不上来，或者在给出答案的时候，连自己都觉得自己说得比较乱，那就证明你没有思考。

怎样养成思考的习惯？

可能方法很多，我只讲我的方法，只有两点，一是练习，二是重复。

选一件看不明白、想不明白的事作为案例，找一段没有外界干扰而又比较心静的时间段，练习思考。开始时时间不必太长，20 分钟足矣，沉下心来认真思考这件事应该如何处理。先在纸上列出可能的或者自己可以接受的处理方案，然后逐项问自己，这样做的理由是什么。如果自己都说服不了自己，那这个方案恐怕就有问题。用排除法，将不妥的一一排除，最后决定选择哪个处理方案。

练习思考时一定不能心急，心急则乱，达不到效果。如果能记得每种方案，可以在脑海中逐一排查，最好不动纸笔，就是静坐默想。应该像老和尚坐禅一样，没有外在的动作，如果沏着茶、抽着烟、听着音乐，心不能完全静下来，就入不到那个境界中去了。

练习要经常，偶一为之是没有效果的。开始时至少三两天一次，然后过渡到一天一次。我以前常在临睡前思考问题，夜深人静，容易进入状态，但现在不大敢了，因为副作用是容易失眠。

练习熟悉之后，特别是思考速度提高之后，就要在日常生活中使用，在越来越多的事情上运用，将这种方法不断地重复，千百遍地运用之后，就成为习惯，习惯成为自然，遇事自然而然地就进行思考了，这就养成了思考的习惯。

想不明白的事情宁可暂时不做，随着事物的发展，一切会逐渐变得清晰，到时候自然能看明白、想明白。所以，凡事不要急。处理不明白的事情就先不处理，很可能自然得到解决，这就是俗话说的“车到山前必有路，船到桥头自然直”。学会等待就是智慧。在他人眼中的沉稳、淡定、从容等美德，就会随之而来。看不明白、想不明白、处理不明白时就先放一放。

在我看来，这也是一种“放下”，也是具有明白的智慧的一种体现。

其次，要学习正确的思考方法。不会思考的人，当然想不明白。常常想错的人，是思考方法有问题。我不想在这里把问题弄得过于琐碎，只想谈正确思考的四个要点。

第一要敞开心胸。

关键是不要有先入为主之见，不要自以为是、刚愎自用。在思考之前就存在一个想当然的看法，思考就变成对这个想法的论证了，就会排斥其他想法和结论，这样的思考显然会走向歧途。在思考之前不仅有主观的想法，还武断地、固执地认为自己是对的，这就根本无法开始思考了。前一种情况最常见的表现是喊“那绝不可能”，后一种情况最常见的表现是说“肯定是这样”。出现两种情况之一，你的心就已经封闭了，你已经不可能正确思考问题了。

《论语》上讲，孔子从来不会犯四个方面的错误：“毋意、毋必、毋固、毋我。”“意”是想当然，“必”是武断，“固”是固执，“我”是主观。抛弃想当然、武断、固执、主观，是正确思考的前提。

敞开心胸，容纳所有的信息、所有的想法、所有的可能性，保持着善念，才能从中找到最好的解决问题的方法。抛弃武断、固执，才能心平气和地沉下心来、定下心来，思考这一切事情的道理，才能找到解决问题的办法，从容不迫地应对一切变化。这也就是古人讲的：“大其心，容天下之物；虚其心，受天下之善；平其心，论天下之事；潜其心，观天下之理；定其心，应天下之变。”

第二要细致全面。

思考问题好比下棋。常言说“下棋看五步”，要不是与专业棋手对阵，能做到看五步，可能就已经稳操胜券了。接下来的关键问题就是这五步中的每一步是否都看得全面。

先想第一步自己有几种选择，第二步是想自己的每一种选择对手可能有几种应对，第三步是针对对手的每一种应对，自己又可能有几种回应，第四步是针对自己的回应，对手又有几种可能的走法，第五步是想对手各种可能的走法，我又如何应对。要将第一步几种选择的后面四步的所有变化都全面细致地计算、对比，找出对自己最有利的方案，然后才知道如何走出这第一步。我棋下得不好，在我看来，“下棋看五步”是很难做到的。当然，如果每一步的思考都不全面，就是想当然地认为我这样走，对方会那样走，然后我这样，他一定会那样，然后我就可以如何如何，我就稳赢了，这样看五步虽然容易，但没什么用，走过棋之后才发现，对手没有按自己预想那样走，结果自己陷入困境了。

很可能一步棋有十种变化，九种都对你有利，而对手恰恰走那一种你没有算到的走法，对你极为不利。所以，思考问题全面是非常重要的。怎样做到全面？就是细致而已。

在生活中，我还真没有见过像下棋那样认真思考问题的人。我们常常是思考过三两种可能性就已经做出决定了，事后才发现此事竟然有五六种可能，再拍大腿已来不及了。对人生重要问题的思考，还不如下棋时思考得认真，岂不怪哉！

凡事要较真，不要模糊。“心一模糊，万事不可收拾。”凡事要认真，不要疏忽。“心一疏忽，万事不入耳目。”凡事也要随缘，不要执着。“心一执着，万事不得自然。”

第三要坚守正道，就是要讲理。

接纳信息要全面，思考问题要全面，不论邪的、正的，这样才能看明白、想明白，但思考解决问题的办法时一定要坚守正道，这样才能处理明白。有时候，一些旁门左道的方法虽然看上去是最好的处理方案，但是也必须抛弃。孟子说：“人有不为也，而后可以有为。”大丈夫必有所不为，才能有所作为。如果采用旁门左道的方法，虽然当时似乎有利无害，但最重要的后果是，从此以后思考问题的方法就出现了偏颇，再难回到正道上来，导致以后看问题的视角就偏了，就是俗话说的“下道”了。

坚守正道，最关键的是不论什么事情都要讲理。人如果不讲理了，就是常说的“丧心病狂”了，哪里还会有正确的思考呢！恐怕连正常人的思维都没有了。

讲理、守正道，还有一个好处，是容易得到意想不到的帮助。这就是古人说的“得道多助”，我理解，其实是上天专门给行善者的好处。

第四要遏制贪念、遏制欲望。

虽然古人讲“无欲之谓圣，寡欲之谓贤，多欲之谓凡”，但我并不是要大家无欲或者寡欲，圣贤的功夫好像我们还做不来，暂时就不要把调门起得那么高，我只是说思考时要尽量把贪念和欲望放在一边。

思考时如果夹杂过多的贪和欲，就会满脑子想的都是利和得，无形中将金钱和欲望作为思考的出发点，接下来的思考想正确也难。思考时先将利字放在一边，思考才能中正平和，才能找到正确的方法。坐在“钱眼儿”里想问题，能想明白才是怪事。《格言联璧》上讲：

> 人之心胸，多欲则窄，寡欲则宽；人之心境，多欲则忙，寡欲则闲；人之心术，多欲则险，寡欲则平；人之心事，多欲则忧，寡欲则乐；人之心气，多欲则馁，寡欲则刚。

思考时欲望太多、贪念太胜，就会心胸狭窄、心忙意乱、心术险恶、忧心忡忡、心气低落，遏制欲望、摒除贪念，才能心胸宽广、心态安闲、心术平和、心多乐事、心气刚正。

肯思考、会思考并常常思考，在我看来，就是一个悟的过程，持之以恒就会开悟，在不知不觉中就具有了明白的智慧。这是一个渐进的过程，开始时并不觉得自己有什么变化，直到某一天突然发现，不知从什么时候开始，遇事向你请教解决办法的人越来越多了，你就应该明白，你已经悟出了明白的智慧。

顺便说一下另一个概念，慧根。是有一些人天生聪明更容易开悟吗？在我这里，答案是否定的。至少对于我所说的明白的智慧是这样。肯悟才能开悟，不肯悟，再聪明也不会开悟。可以说，开悟与智商没关系。自恃聪明才智，耍小聪明，不真正下功夫，最终的结果只能是“聪明反被聪明误”了。倒是踏踏实实做足了工夫的普通人，开悟之后，让人惊叹于他的聪明才智。

谈幸福

幸福是一种心态，心态决定状态，也决定生活质量。

在我看来，幸福是一种感觉。找到了幸福感，你就是幸福的。幸福与物质条件有些关系，常言道“贫贱夫妻百事哀”，吃不上、喝不上，孩子因交不上学费上不了学，在这种状态下，想找到幸福感，无疑是痴人说梦。

但幸福跟物质条件却没有必然的联系。能吃得起山珍海味的人，不见得能体会到吃带给人的幸福感，想做一个充满幸福感的吃货，也不是谁都能做到的呢。有一个好的心态，才能有一个好的状态，也才能找到幸福感，从而过上幸福的生活。

西方有这样一个童话。国王生病了，巫师说，只有穿上快乐人的衬衫才能好。国王于是派人四处询问谁是快乐的人，好买下他的衬衫。国王派出的人找到宰相，问他快乐吗。宰相说：“今年年景不好，我为救灾的事忙得焦头烂额，怎么可能快乐呢?”他们又找到大将军，大将军说：“我时刻都在提防着敌国的入侵，夜不能寐，怎么可能快乐呢?”他们又找到贵族们，贵族们回答说他们也都有种种烦心事，他们不快乐。直到夜晚来临，他们拖着疲惫的身躯、带着失望要去向国王汇报时，遇到一个乞丐正在路边燃起火堆、烤着一只偷来的鸡。他们问乞丐快乐吗，乞丐回答说：“是的，马上有鸡吃了，我很快乐。”国王的差人一下子兴奋起来，对乞丐说：“先生，我要出重金买下你的衬衫。”乞丐白了他一眼说：“对不起，先生们，我没有衬衫。您见过乞丐还穿衬衫吗？”没有衬衫的乞丐是快乐的，这是要告诉我们，幸福与物质条件没有必然联系。这个故事正应了中国一句古话：“贫贱是苦境，能善处者自乐；富贵是乐境，不善处者更苦。”可见东西方的人生智慧是相通的。

这个童话说明，妨碍我们找到幸福感的原因有很多，或是像宰相那样为当下的杂事所累，或是像将军那样为未来的威胁困扰，或是像贵族们有种种烦心事。而我们应像乞丐那样，在当下的日常平凡生活中去寻找幸福感。

现代生活节奏越来越快，很多人守着自己的本职工作，像机械一样地运转着。看到这些，我终于明白了上大学时我不解其意的一个哲学命题：人的物化。人啊，不是正在变成某种工具吗？老板变成挣钱的工具，教师变成教书的工具，孩子变成学习的工具，就连最应该参透这一切的学者，也日益在变成做学问的工具。迷失本身的智慧，不自觉地发挥着工具的功能，岂不可悲！怎能快乐！

摆脱人的物化，不是要大家不做事，关键是调整好心态。要知道，是人在做事，而不是事在熬人。抱定人做事的心态，不论事务多么繁杂，处理起来也会犹如大将军指挥千军万马，游刃有余，想进则进，想止则止，松紧、快慢、忙闲皆在我掌握；若心无灵慧，只知道终日奔波，陷入事熬人的状态，就会被事务缠身，摆脱不开，将一生精力心血都打熬进去，落个物化的结局。

事情、工作犹如宠物，你是“宠物”的主人，是它围着你转，不是你围着它转。你还是你、“宠物”还是“宠物”，“转”

法不一样，就是截然不同的两种人生。这一点，只有肯参悟的人才能体会，体会了这一点，幸福感就离你不远了。当然，围着“宠物”转，甚至把“宠物”供成自己的主人的，大有人在，同样，像上面童话中的宰相那样，为日常事务拖累，只知道像工具一样发挥某方面功能的，也大有人在。

你每天上班路过的那几树花，今年与去年有什么不同，你知道吗？2002 年的第一场雪，来得是否比以往时候更晚一些，你知道吗？你是否看到过蝴蝶在花蕊上抖动翅膀的样子？你是否看到过麻雀在地上边啄食边振动翅膀跳动的样子？你是否看到过流浪猫优雅地跳过墙头时还不忘回过头来眯着眼睛望上一眼的样子？你是否曾经坐在湖边、林下、花间，无思无想，只是敞开自己的心扉，试着用灵魂融入周围这一切？都没有吗？那就说明除了你工作的领域、生存的领域之外，你已经丧失了对大千世界的感知，你已经就是你那个小小领域里的一种特殊工具了。

我曾经问过天修两个问题，以引发他的思考，现在我也拿来问你们：这个大千世界真的是为我们而存在吗？这个大千世界真的不是为我们而存在吗？

追求参悟，追求开悟，为什么？还不是为了调整好心态。禅宗二祖慧可断臂求法，达摩问他求什么，慧可说，他想求大和尚为他安心。什么是安心？我理解，就是调整好心态嘛！可见心态的重要。

要调整好心态，说得俗一点，就是劝自己，说得雅一点，就是开悟、参透。但首先你要从当下的工具一样的生存状态中走出来。

禅宗有一个著名的公案。某人被猛虎追逐，失足跌落悬崖，万幸的是抓住了山崖间的一株枯藤。向上看，猛虎咆哮；

向下看，万丈深渊，并且下面也有老虎恶狠狠地盯着他，这时，山崖上又来了只老鼠啃咬枯藤，眼看就要啃断了。突然，他发现山崖间生长着一颗鲜美的草莓，马上摘下来放入口中。

我未参过禅，不知道这则公案的真正含义是什么，但我的理解是，哪怕下一刻葬身虎口，现在有鲜美的草莓也还是要吃的。人生是现在时的，既不要为过去痛苦，更不要因未来烦恼，而是要认认真真地过好当下。

有个寓言故事，说的是杞国有个人总是担心天会塌下来，把自己愁得不得了，后来有人担心他，就来劝导他，最后他终于放下心来。这就是成语“杞人忧天”的出处。该成语形容人为不可能出现的事情忧愁，完全是自寻烦恼。这句成语大家都会说，说了上千年了，但在生活中，仍旧有许多人在担心着和天塌下来同样的问题。有人还振振有词地辩解：“人无远虑，必有近忧啊!”但“虑”指的是思考，而不是忧愁。

我们可以做个小实验。把你对未来的忧虑写到一张纸上，半年以后再看，你会发现，当初忧虑的事情大多并没有发生。我们像童话中的将军一样，为未来的威胁困扰着，失去了幸福感。担心敌国入侵，加强军备就是了，这就是“虑”，是应该做的，但为此而把自己愁得不行，丢了幸福感，就不对了。

要把心态调到当下，也得时时劝自己，慢慢才能悟出来。

乞丐的幸福感来源于火上烤着的一只鸡，给我的感悟是：当下、知足，就能幸福。其实，快乐也好、幸福也好，并不复杂。学过《周易》的是否还记得其中的一句：“《易》简而天下之理得矣!”说的就是把问题搞复杂，反而就没有幸福感了。

看看我们的身边就会发现，大富大贵之人，像邵逸夫那样长寿的很少，百岁老人反而是平淡且平庸的劳动人民居多，为什么？在我看来，关键是心态。平民百姓，物质生活虽然并不很丰富，但也没有那么多烦心事，能看得开，自然长寿。想想吧，为什么道家提倡返璞归真？

《老子》上讲“如婴儿之未孩”，就像还不会呵呵笑的婴儿那样，无知无欲，因而也没有烦恼，自然快乐幸福。修心，就是把心态调整到婴儿那样，这样就能快乐幸福一直相伴了。

宋代禅师青原行思提出参禅的三重境界：参禅之初，看山是山，看水是水；禅有悟时，看山不是山，看水不是水；禅中彻悟，看山还是山，看水还是水。人生不也是如此吗？把心态调整好了，山还是那座山，河还是那条河，外在的东西一切都没有改变，但原来觉得烦恼，现在觉得幸福。差别就在心态啊！所以说心态决定生活质量。

怎样调整心态呢？或者说怎样劝自己、怎样开悟呢？

南宋方岳《秋崖集》中有一首诗《别子才司令》，其中两句非常有名：“不如意事常八九，可与语人无二三。”意思是，人生中不如意的事常占十之八九，可是能够与之倾吐的人却连两三个都没有。我最初是在金庸先生的小说《神雕侠侣》中读到主人公杨过引用过这句诗，当时非常感慨。细细想来，人生不就是这样，哪里能事事如意，真的是不如意的事还多一些。因此说，“岂能尽如人意，但求无愧我心”而已。

国民党元老于右任曾写过一副对联，上联是“常思一二”，下联是“不想八九”，横批是“如意”，就是由此而来。虽然人生不如意事十常八九，这是外在的、我们无法左右的，但是我们可以调整自己的心态，常常想着那只占十分之一二的如意事，不去想那占十分之八九的不如意事，这样才能有一个好的心态，才能找到幸福感。我觉得，这就是修心的关键。

对于不如意事，健忘是好的。不要总是自己揭自己伤疤、捅自己的疼处，但可不要“好了伤疤忘了疼”。失败的教训要汲取，但不等于时时回忆、复习失败的过程。人要学会选择性遗忘，忘却不如意事，记得如意事。

忘记不如意事，也是一种自我清空，可以释放心的内存，使心更加灵动，更易于产生智慧，也可以增加心的空间，使之容纳更多美好的东西。

名僧黄龙慧开有诗：“春有百花秋有月，夏有凉风冬有雪，若无闲事挂心头，便是人间好时节。”如果挂在心头的不是闲事，更不是烦心事，而是如意事，岂不是一件快乐的事情！

谈不如意事

南宋方岳在《别子才司令》一诗中感慨人生的名句“不如意事常八九”，引起一代又一代人的共鸣。方岳生逢南宋末年，正值奸臣当道、朝政糜烂、民不聊生之时，他自己也是因为触怒权奸而被免官，在他看来，“不如意事常八九”，是可以理解的。可是，这句诗能产生如此广泛的共鸣，说明在十之八九的人看来，人生都是“不如意事常八九”的。人生真的就是“不如意事常八九”吗？

我们有必要分析一下不如意事的来源。

就说打车吧。天天打车上班，走同一条路线，钱数也大致是一定的。忽然有一天，出租车司机走了自己不熟悉的另一条路线，于是心中就开始纠结，“他是不是给我绕远了？”“他是不是想骗我？”“我是应该指出他绕远了？还是保持沉默？”各种念头开始冒出来，这就已经是一件不如意事了，因为走的路线不如我意。

到终点，一看计价器，如果比平日少了一元钱，心态尚可；钱数和平日一样，也可以勉强保持风度；若是竟然比平日多了一元钱甚至是两元钱，心里肯定是不平衡的了。这就更加的不如意了。默默付钱、稍稍重一点关车门而去，已经算是有涵养的了。最常见的场景是，乘客抱怨司机绕路，司机辩解，争执几句虽无伤大雅，但各自憋起一肚子闷气，就看回头发泄到哪个触霉头的人身上了。

司机或许和下一位乘客言语不合、大吵一架，赌气不干了，回家喝闷酒，又因妻子抱怨他工作时间回家喝酒，借着酒劲打了妻子，两口子打架不说话，气得一夜无眠；乘客或许到公司之后与同事争执，老板出面调解，他在气头上指责老板偏袒同事，言语过分，惹得老板大怒，全公司人一天都噤若寒蝉，没有好心情。若是这样，就是由打车的不如意，又引出另外的不如意事，竟搞成了一整天的不如意。

若是司机两口子打架各自都不肯让步，逐渐升级，竟至离婚。乘客在公司受气一天，晚上约会女友又恰恰迟到半小时，导致两人争吵了几句，女孩儿认为这家伙脾气暴躁且怪异，难以托付终身，竟至移情别恋。那么，竟然就引出影响一生的不如意事了。

司机婚姻破裂、半生蹉跎；乘客没了意中人，迟迟未婚。各自感慨人生“不如意事常八九”时，谁会注意到，起因竟然是那天早起打车时不应该多说的那两句话？

我们再回到最初的场景。发现不是自己常走的路线，若心想：“也许那边堵车吧，司机怕我着急，另选一条路线。这司机人真好啊!”或是：“天天走那边，早已厌了，今天沿途的风光完全不一样了呀，真好!”或是：“绕路了？随他去吧，再绕能多几个钱，为这几元钱破坏了我一早上的好心情可不值得。”若是有这样的心态，走另一条路线就不是一件不如意事了。

到终点，一看计价器，比平日多了一两元钱，心想：“我就说嘛，再绕能绕多少，为一两元钱破坏了好心情岂不太傻，我什么都不说就对了。”若是与平日钱数一样，心想：“没多花钱啊，看了全新的风光，还知道了一条新的上班路线，免费大发现呀，太好了，下次堵车知道怎么绕了。”若是竟然比平日少了一元钱，心想：“原来这边更近更省钱呀，这司机人真好，给我选了最省钱路线。明天开始，天天走这边，一天省一元，一年省300多元呢，省出双鞋钱了，今天等于白捡一双新鞋。”心里这样想，高高兴兴地付了钱，喜气洋洋地对司机说句“谢谢”。司机也在想：“这位乘客人真好，还有礼貌。今天一早就拉这么好的乘客，一天运气应该不错。”两个人都开始了愉快的一天，并没有觉得有不如意事。

仔细分析可以发现，说人生“不如意事常八九”，这些不如意事倒是八九与自己的心态有关。人生中真正的苦难是不多的，大多的不如意事本来可以不成为不如意的，是我们自身的错误心态将之转化为不如意事。即使面对人生真正的苦难，好的心态也可以减轻痛苦的感觉。

“不如意事”，按字面解释，就是事情没有按照自己的意愿发展，好比出租车司机没有按照自己预想的路线行驶，这又有什么值得郁闷的呢？答案是，因为担心出现错误。就拿打车来说，担心绕路、多花钱而已。

不如你意就一定会出现错误吗？显然不一定啊。从逻辑上讲有四种可能：你是对的，不如你意的事也是对的；你是错的，不如你意的事才是对的；你是错的，不如你意的事也是错的；你是对的，不如你意的事是错的。虽然说起来有点像绕口令，但细细体会，只有最后一种情况才是真的错了。换句话说，即使事情没有按照你的意愿发展，出现错误的可能性仅有四分之一，不如意事造成错误的可能仅仅是25%，这个概率真的值得我们为之忧虑吗？

事实上，常常令我们觉得“不如意”、觉得郁闷的事情，与对错无关，只是不符合我们的习惯而已。出租车没有走你常走的路线，是“不如意”，关键不在于是否多花钱，而是这条路线不是你习惯的。“不如意事常八九”多是因为不符合你已定型的习惯。

因为习惯早晨九点起床，七点被妻子吵醒，就是“不如意事”。起床第一件事就是找妻子“理论”，时间长了，他成为“大爷”，没人敢惹，什么事都得顺着他，这种人生就很有意思吗？这种人，他不知道在其他人眼中他是多么讨厌！这种人，脾气养成了，实际上自己也未必快乐，大家都不惹他，他不对人，也要对物。没人吵他、睡到九点自然醒，起床后在桌子边嗑了一下，这个“不如意”又如何发泄？所以这种人到最后总要走向拍桌子、骂板凳，成了人群中的一霸，为非作歹，受到众人的诅咒，不遭天谴也难。

小孩子为什么比大人快乐？因为他还没有形成自己的习惯，自然也就没有触犯他习惯的“不如意”。开玩笑地说，若想要孩子好带，你就不要急着培养他的习惯。

因此有成语“随遇而安”，佛家讲“随缘”，都是劝人不要拘泥于自己的习惯，这样就少了很多的“不如意”。出租车走哪条路线值得计较吗？随他去吧，能到就行啊！对于员工不如你意的做法值得计较吗？随他去吧，业绩能上去就行啊！对于妻子不如你意的做法值得计较吗？随她去吧，真的爱我就行了！这个“随”字值得我们品味，能做到这个字也是一种修行。

《周易》六十四卦中有“随”卦。孔子在解释随卦的内涵时讲道：“刚来而下柔，动而悦。”将刚放在柔下面，内心是刚健的，外面表现出来的却都是柔和的，以这种方式去行动，就能一直是喜悦的。我们要想得到这种喜悦的人生，走出“不如意事常八九”的怪圈，就要不拘泥于自己的习惯，这才是真正

“随遇而安”的“随缘”。

拘泥于习惯还有另一个名称：墨守成规。稍微改变一下习惯都觉得“不如意”的人，十之八九是墨守成规的人。墨守成规绝对是创新的反面。如果你真的感觉人生“不如意事常八九”，证明生活中任何不符合你习惯的事情都会使你觉得“不如意”，这也就说明，你已经失去创新的能力了。

谈健身

为什么要健身？

老年人的答案不外是祛病强身、延年益寿，年轻人的答案不外是健美、娱乐。概括起来，可以说都是为了提高生活质量。

我不相信通过锻炼可以延长寿命，生死大限毕竟是由不得自己的事情。若是健身仅仅是为了减肥，或是在澡堂子里“秀”一下肌肉，在我看来，受那个累就不值了。

但我认同健身是为了提高生活质量的看法，缠绵病榻 60 年，和健康享受一甲子，自然是不可同日而语的。曾有一位坚持锻炼的老人对我讲：“你自己不遭罪，也免得连累儿女侍候。”

其实不仅如此，身体健康才能充分享受人生。要吃啥啥香，也得牙好、胃口好才行。否则，冷了、热了、硬了、生了，不知道哪一口吃不对了，胃难受一整天，弄各种胃药都治不好，哪里还能充分享受吃的乐趣呢！

生活中物质层面的享受都是需要你的身体来体验的，身体足以支持这种体验，才是享受，才有幸福感。健身，就是为了让身体可以承受这些体验，享受幸福。

但是，将享受生活、提高生活质量作为健身的目的，在我看来，层次有点低。健身至少还具有两方面不可替代的功能，一是提升自信，一是感悟生命。

先说提升自信。

都说年轻人有朝气、有自信，为什么？因为他们有着强健的体魄，有着大把的青春可以挥霍。若即使年轻，已经百病缠身，能有朝气，有自信吗？

强健的身体带给人自信。攀登完珠穆朗玛峰仍精神抖擞的人，相信自己可以攀登其他任何高峰。那不是电视上常见的“我一定能赢”的口号作秀，而是从骨子里透出来的认为自己一定行的自信。

一个贫、一个病，就能将人的自信、理想、豪情消磨殆尽，使英雄落魄、伟人平庸。就如唐代罗隐诗中所说：“平生意气消磨尽，甘露轩前看水流。”两句诗烘托出诗人病中的落寞萧索、心灰意冷。

在我看来，病对人意志的消磨还要甚于贫。面对贫，孔老夫子还能喊出“君子忧道不忧贫”的口号，明确讲：“贫与贱，是人之所恶也，不以其道得之，不去也。”因此儒家提倡“安贫乐道”。可是，当孔子的弟子伯牛病重，孔子前往探望时，老夫子却只能拉着他的手悲叹：“命矣夫！斯人也，而有斯疾也！斯人也，而有斯疾也！”语气中全是无奈和悲凉。

身体强健才能充满自信，自信带给人活力、创造力，能使人生迈上一个新台阶。我们观察一下身边的人不难发现，同样的年龄、同样的人生经历、同样的社会地位，身体好的人往往比身体不好的人更有自信。健身，就是要通过强健体魄，使自己更有朝气，更有自信，能够永远焕发出青春的活力。

感悟生命，应该是健身的更高层面的追求。

经常做运动的人，才能对自己的身体有着更为全面和直观的了解。运动中，你能更直观地感受到肌肉的力量、关节的运转、筋腱的张弛，感受到心肺的功能、骨骼的作用、气血的运行，甚至感受到大脑深处的变化、每一个细胞的跳动。运动时，你也能对自己身体的毛病与弱点了解得更清楚。总之，对身体的那种感受，是不做运动的人永远体验不到的。

琴师在演奏之前先要调弦，书法家在落笔之前先要运笔，都是要先感受一下自己所使用的器具。新机器要调试，新车要磨合，都有一个适应的过程。这具肉体我们要在今世使用百八十年，没有任何工具我们会使用这么久，难道不应该对这具肉体做更深入的感受吗？要更好地走完人生的旅程，还是应该与你的身体好好磨合一下的。这才是健身的目的。

健身还可以发现身体的许多秘密，带给我们自灵魂深处爆发出来的快乐。运动员都很清楚，运动存在极限，有一个临界点。在此之前是积累疲劳的过程，是痛苦的，一旦突破这个临界点，会突然间觉得运动如此轻松，感受到一种由衷的快乐，甚至忍不住要唱出来。英语里称这种状态为 sport high，“high”指高潮、兴奋，是亢奋的快乐状态，sport high，指运动带给人的这种快乐，应该说，非常形象、贴切。

第一次登黄山，我最明显地感受到了 sport high。一路行来，累得不行了，汗如雨下，喘不过气来，感觉要憋死了，浑身上下没一处不难受。快到山顶的时候，突然有那么一瞬间，身体一下子就轻松了，也不觉得气短了，胸中空明一片，整个人轻飘飘的，小跑着到山顶，极目四望，那种快乐真的无法用语言来形容，一点儿也不觉得疲劳。原以为运动量过了极限，一时兴奋，第二天肯定会“返乏”，恐怕会爬不起来，可是第二天的状态也非常好。那一次才真切地体验到，自己的身上还有多少潜力没有挖掘出来。

说到健身的最高追求——感悟生命，西式的运动就比不上中国的传统武术和健身功法了。

特别是内家拳，不论是站桩、试力，还是演练套路，都追求对身体的感觉。习练到一定境界，你才发现，筋、骨、肉之间竟然有这么多种配合方式，把它们完美组合起来竟然可以形成这么多的力量运行和爆发的方式，你的皮肤可以感受到周围气流的变化。推手时，你的皮肤可以感受到对手身上的力量变化，你才能理解，民间把推手也称作“摸劲儿”“听劲儿”是多么的贴切。站桩时，你能感觉到与周围空间的交流，空气像水，而你自己像鱼，每一根汗毛似乎都要顶起衣服站立起来，好像它是一个独立的生命体，似乎你可以感觉到身体每一个毛孔的开合，不是汗水而是气体从中涌出，甚至你感觉可以“看”到自己的内脏和气血运行、“看”到自己的脑海深处、“看”到宇宙深处。对于时间、空间也都会有不一样的感觉。能进入这种状态，练完功之后，在你的眼中，这个世界都和从前不一样了，只不过你说不出来是哪里不一样。这些都是西式的运动所达不到的境界。

顺便说一下，正确打坐，也会有着同样的效果。

有人将武术称为武学、武道，在我看来，是非常有道理的，这也是一种学问，也是一种道。我年轻时习武开始是为强身健体，后来是为格斗技击，但 40 岁之后就不再考虑这些了，只是去体验、去感悟。

对自己的身体有这样的感受之后，对于生命也会有全新的理解，再去看大千世界、鸟语花香，会有全新的感悟。

谈滋养灵魂

人作为智慧生命、灵性物种，是由身体和灵魂两部分构成的，所以，在自我完善的过程中，不仅要滋养肉体，更重要的还要滋养灵魂。

佛家讲轮回，追求的是每一世都比上世有所提高，最终才能超出三界外。实际上就是每次来红尘中，追求的都是灵魂的提升，显然，修行的过程也就是滋养灵魂的过程。

当下，追求智慧的人很多，可是智慧是源自智商吗？或者换个角度讲，智慧是源自肉体吗？当然不是，智慧是自灵魂生发出来的。那么，得不到给养的孱弱灵魂怎么可能生出智慧？要开启智慧，必须滋养灵魂。

怎样滋养灵魂？

最简单的做法是审美。看优秀电影、听优美音乐、赏良辰美景、享浪漫氛围，都带给我们快乐，这种快乐与肉体没有关系，所以我们称之为精神享受。使灵魂感受到愉悦，就是使灵魂得到滋养。这些精神享受虽然种类不同，但我觉得，都可以归为审美。对一切美好事物的欣赏所带来的精神愉悦，都是给予灵魂的最普通给养。

通过审美滋养灵魂是每个人都可以做到的，也是在生活中我们经常在做的。但有意去追求审美的人实在太少了，绝大多数人是短暂地偶一为之，也就是说，他们偶尔才给予灵魂些许给养，远远满足不了灵魂的需求。

持之以恒地修心才是给予灵魂的大餐。

修心首先是去秽，去除那些蒙蔽心灵的污秽的东西。禅宗北派神秀说过："身是菩提树，心如明镜台。时时勤拂拭，莫使惹尘埃。"人的本性是美好的、明慧的，修行就是不断擦拭后天污染心灵的各种污垢的过程，去掉污浊，使心的灵性重新焕发出光辉，就能照亮我们的人生旅途。

《三字经》开篇就讲："人之初，性本善，性相近，习相远。"儒家也认为人的本性是善良的，一切恶行都是受后天习染而来，所以儒家讲究"明心见性"，也是恢复善良的本心。

禅宗五祖弘忍在为六祖慧能说《金刚经》时，六祖慧能当下大悟，感叹道："何期自性本自清净"，"何期自性本自具足"。光明、智慧，都是人类的心灵、人类的灵魂中本来"具足"的，抛除后天受物欲影响而形成的种种劣习、种种污秽，灵魂自然能够恢复本来的强大。

修心也要行善。恶行即使带给我们物质方面的利益，短时间我们觉得高兴，后来却会越来越觉得内心不安；善行即使造成我们物质方面的付出，也许暂时会心痛，以后想起，却越来越觉得愉快。所以古人才说"为善最乐，作恶难逃""为善最乐，读书便佳"。可见，恶是对灵魂的打击，善是对灵魂的滋养。让行善带来的快乐伴随着我们，享受那种发自灵魂的快乐的同时，我们的灵魂才会变得越来越强大。

现在也常有人讲使内心强大是成功的关键，在我看来，行善才是使内心强大的不二法门。

修心最重要的是学习和参悟。懵懵懂懂地行，发自灵魂的快乐也是模模糊糊的。通过学习和参悟，将去秽、行善由自发变成自觉，灵魂的快乐才会明晰起来，那种感觉才非常强烈，这才是灵魂的真正成长。

最后，也是最重要的，灵魂需要信仰。

信仰是滋养灵魂的最好方法。人需要信仰，这是没有选择的，但信仰什么，是人可以选择的。如是，既然是滋养灵魂，就不要信仰物质性的东西吧，从这个角度讲，我认为拜金主义是最要不得的。

谈自强

孟子曾说“君子有终身之忧”。令君子终生忧愁的是什么事情呢?《孟子·离娄》中有具体的解释:

> **舜,人也;我,亦人也。舜为法于天下,可传于后世,我由未免为乡人也,是则可忧也。忧之如何?如舜而已矣。**

尧、舜、禹这些古人心目中的大圣人、伟大历史人物,在孟子看来,他们也不过是人,我们也一样是人,为什么舜能取得那么伟大的功绩,为后世效法,而我到如今却还是一个庸庸碌碌的普通人呢?所以,令君子终生忧愁的事情,就是怎样才能比得上舜。用今天的话说,人和人的差距咋就这么大呢?

今人善于找原因,尤其是从自身之外找原因。面对这个问题,首先想到的原因应该是:我家庭条件不好,我老爸一没权、二没钱,所以,在起跑线上我就已经输了。可是,舜出身贫寒,父亲是个盲人,母亲早逝,父亲听信继母和继母生的儿子的挑唆,三个人经常一起来害舜。有一次舜在挖井,他们在上面填土,要把舜活埋在里面。你还觉得你的家庭条件不如舜吗?

你马上会找到的另一个原因:我受的教育不行,我没有学历。史书记载，舜曾经在历山种地，在雷泽打鱼，在黄河之滨制作陶器，用我们今天的话来形容，就是为了生计四处打工。他又受过什么教育？孟子告诉我们：“舜生于诸冯，迁于负夏，卒于鸣条，东夷之人也。”舜还不是中原华夏人，而是东夷人，就今天的地域比喻，是出生于边远山区。你还觉得你受的教育不如舜吗？

当然，借口还是有的：我没有机遇啊！如果给我一个支点，我可以撬动地球，但是一直没有人给我那个支点啊！固然，是尧给了舜机遇，最后让位给舜。但在此之前，尧对舜进行了多次考验。最严格的一项考验是把两个女儿嫁给舜。可能有人会说：舜这不是傍上大款了吗，这算什么考验！可是，能够发明围棋的尧是多么的聪明，他之所以要采用这种方法考察舜，一是让他完全丧失戒心，不会存在伪装，这样才能把他的能力、素质、德行都看得清清楚楚、明明白白；二是给予舜这样一种特殊的地位，再观察他的言行，看他是不是因为成了自己的女婿而发生某些不好的变化。是在对舜进行了透视性的考察之后，尧才给他机会的。抱怨没有机遇的人应该想一想，你错过了多少次机遇？

孟子是雄辩家，他在启发我们，舜也是人，你也是人，你为什么就比不上舜？孟子特意举舜为例，就是用舜的生平经历封死我们能想到的所有借口。

一切的原因都只是借口，真正的原因只有一个，就是我们不够努力。古代的君子为什么要把自己比不上舜作为终生的忧虑，就是为了激励自己，去努力、去奋斗、去拼搏。

朱熹在讲到孟子这一段话时说：“是则可忧也。此便是知耻，知耻则进学，安得不勇。”能够为自己比不上舜而忧虑，就会因自己不够努力而羞耻，有了这种羞耻心，自然就能够努力学习、勇于上进了。清初大儒李二曲在《孟子反身录》一书中说，若能以这种忧虑激励自己，“上之纵不能如舜，次亦不失为正人君子，必不肯悠悠虚度、碌碌无成以终其身”。意思是说，这样的人即使比不上舜，至少他也绝不会是一个碌碌无为、虚度终生的人。

《周易》第一卦乾卦就讲：“天行健，君子以自强不息。”我们说儒家是一种入世的思想，实际上其核心就在于激励人自强不息、奋斗不止，而奋斗的最终目标就是成为舜、成为圣人那样的人。

有人说，如果人生可以重新来过，百分之七十的人会成为圣贤。儒家不期冀于来世，不幻想重新来过，而是要在当下激励百分之七十的人成为圣贤。

《孔丛子》一书记载，孟子曾向孔子的孙子子思请教，是否可以通过自己的努力达到“尧舜文武之道”。子思的回答也是：“彼，人也；我，人也。”不管尧、舜、周文王、周武王取得了多么伟大的成就，他们也是个人，我们也是个人，只要自强不息地努力下去，怎么可能达不到！

孔子也曾说过“不怨天，不尤人，下学而上达”。他告诉我们，不要怨天尤人，说白了，就是不要总在自身之外找原因，要么抱怨老天、要么抱怨其他人，你就记住了，一切的原因都在你自己身上。原因找到了，怎么解决，就一个字，“学”。做到“学而时习之”，然后就能“上达”，就能提高、能进步、能取得非凡的成就。可见，这种自强的精神在孔孟的思想里是一脉相承的。

在我看来，这也是儒家思想里最光辉灿烂的地方。儒家能在中国古代思想界占据统治地位，屹立两千年不倒，这种奋发向上的精神应该是原因之一。

古人说："把意念沉潜得下，何理不可得；把志气奋发得起，何事不可为？"意思是说，能真正沉下心来，还有什么道理是学不会的？能真正奋发图强，还有什么事情是干不成的？

在为事业奋斗的过程中，应该时常看一看身边的成功者，然后默默地告诉自己："彼，人也；我，人也。"

谈傲骨

徐悲鸿说过："人不可有傲气，但不可无傲骨。"

这句话我早就知道，但只是作为名言警句背了下来而已，并不解其意。直到有一天，老师似自言自语，喃喃说道："人不可有傲气，但不可无傲骨。"我才沉下心来思考：什么是傲骨？

在我看来，傲骨是一种坚守，是对理想、信念、做人原则的坚守。傲骨也是一种看护，是对自尊、人格、灵魂的精心看护。

坚守理想、信念和自己的做人原则，在任何情况下都不为之改变，如孟子所说"富贵不能淫，贫贱不能移，威武不能屈"，这就是傲骨。坚守理想、信念和自己的做人原则，对物质利益不屑一顾，如孔子所说"不义而富且贵，于我如浮云"，这就是傲骨。坚守理想、信念和自己的做人原则，甘愿忍受现实生活中的贫穷和苦难，如清人沈上章诗中所说"余生粪土寻常事，赢得伶仃傲骨存"，这也是傲骨。坚守理想、信念和自己的做人原则，甚至不惜付出生命的代价，如司马迁所说"人固有一死，或重于泰山，或轻于鸿毛"，这更是傲骨。

春秋时期齐国的崔杼发动叛乱，杀了齐庄公，与庆封一起，以武力逼迫齐国士大夫盟誓支持自己，先后有七人因不肯发誓而被杀。轮到晏子时，他仰天长叹，大声发誓：“崔杼无道弑君，凡是不支持公室而支持崔杼、庆封的人，上天必定降灾惩罚他。”读到这段记载的时候，我在想，以身材矮小闻名的晏子，在那一刻，必定显得非常高大。

也是在崔杼叛乱之后，齐国的史官对此事件如实记录：“崔杼弑其君。”崔杼要求史官修改，不能记载他“弑君”。史官不肯，崔杼处死了这位史官。当时的史官都是家族世袭的，史官的二弟接任，一字不改，仍记录为“崔杼弑其君”，因此被杀。三弟继任，还是记录为“崔杼弑其君”，也因此遇害。四弟，也是最小的弟弟接班，还是记录为“崔杼弑其君”。结果是崔杼认栽，不再过问此事了。就在三个兄弟被杀时，另一家史官南史氏，担心这家史官全部被杀，这段历史不能得到如实记载，他带上笔和竹简赶往齐国，直到听说这件事已经在四弟手里得到如实记录才返回去。他们坚守的已经不仅仅是忠实记录历史的史官职责，而是在坚守自己的理想、信念和做人的原则。

基于理想、信念、做人原则之上的职业操守，这才是当代中国最缺的东西。学者、专家在当下地位一落千丈，甚至有被妖魔化的趋势。我认为，最重要的原因就在于，在他们身上不再能看到对理想、信念和做人原则的坚守。

能够坚守理想、信念和做人的原则，即使做不到“富贵不能淫，贫贱不能移，威武不能屈”，也必定会是一个堂堂正正的人，比起没有理想、信念、做人原则的人，人格不知要高出多少，他身上一定会闪耀着人性的光辉、人格的魅力。

不知道守护自己的理想、信念和做人原则，还奢谈行善，追求修行，在我看来，都像是无源之水。他的善行、修行，很快就枯竭了，他仍旧身在信仰的荒漠中，找不到一滴水来滋养自己的灵魂。“皮之不存，毛将焉附”，如果人格龌龊，行善和修行都是难以成立的，就连他的善行、修行都会带上那么一点儿龌龊。

要想坚守，必先看重。就像恋爱一样，不看重你的人，怎么可能与你长相厮守？重视理想、信念、做人原则的人，必会重视自己的人格，因而会对自尊、人格和灵魂精心守护，不容人侮辱、不容人伤害。这也是傲骨。

精心守护灵魂与人格的外在表现是自尊。自尊，是对自我的尊重、对自我的重视。人首先要自尊、自重，然后才能获得他人的尊重。当你自己都看不起自己的时候，还能指望谁能看得起你？

诗仙李白一生仕途并不如意，他在《梦游天姥吟留别》一诗中表明了自己的心迹：“安能摧眉折腰事权贵，使我不得开心颜。”不能面对权势、金钱就低头哈腰，这就是对自身灵魂、人格的精心守护。正是有了这一份自尊，李白才能写出“仰天大笑出门去，我辈岂是蓬蒿人”这样的诗句。

宋人戴植在《鼠璞》一书中记载。唐朝人传说，李白不能屈身以事权贵，是因为他腰间生有一块傲骨。这也是“傲骨”这个词语的出处。可见，李白对灵魂、人格和自尊的守护，在当时人的眼中，已经属于一种无法解释的传奇。

晋代的陶渊明，挂印辞官的原因就是：“吾不能为五斗米折腰，拳拳事乡里小人”。“不为五斗米折腰”在后世成为一句成语，激励了无数古人的自尊精神。

中国要崛起、中华民族要复兴，所缺的不是GDP，缺的就是这种不为五斗米折腰的傲骨精神。人生世间，得不到他人的尊重，并不是因为你没权、没钱、没地位、没学问，而是因为你没有这种不为五斗米折腰的傲骨精神，你没有精心守护灵魂与人格的那一份自尊。

当你总在仰望他人的时候，你应该反思；当你总是低头让步的时候，更应该反思，因为很可能你正在一点点地丧失宝贵的自尊。

要坚守、要守护，就必须有刚强不屈的性格、百折不挠的精神、“虽千万人吾往矣”的勇气。这也是傲骨。或者说，没有这些，你绝对守不住你的傲骨。

因为要坚守、要看护，所以不能与世沉浮，不能同流合污，在他人眼中，就显得那样的特立独行。特立独行不是标新立异，这种与众不同不是刻意追求来的，而是为了坚守、为了守护自然而然地流露出来的。

但要坚持这种特立独行却是需要极大的勇气的，而勇气源于自信，相信自己的人生选择是正确的，相信保持自己身上这身傲骨没有错，这样才能在混浊的世间守住自己的那一份坚持。

傲骨，就是源自骨子里的自尊。有傲骨的人，不论多么落魄、多么贫贱，就凭他身上那种无法模仿的气度，看到他的人都得承认，这是一个人物。看看抗日战争时期，当时著名学者在西南联大时的旧照片，那一群衣衫褴褛、如同叫花子一样的先生，身上所焕发出的，正是来自骨子里的自尊、自信，也在彰显着他们学术大师的地位。然后你才能体会到傲骨的力量。

人生世间，要有追求，有傲骨，而不要被人骂“不是物”，这是与富贵贫贱和从事什么职业无关的。

谈追求

人生应该追求什么?

首先应该追求衣食无忧，或者说，追求过上体面的日子。说白了，就是得先想办法赚钱，有生活来源。先谋生存，生存问题解决了，再思考发展。个人是这样，企业是这样，国家也是这样。父母没有看病钱、妻子没有买菜钱、孩子没有上学钱，你还在那里养浩然之气，这不是修养，更不是境界，而是赤裸裸的不负责任。

当应该你供养和赡养的人都衣食无忧，过上体面的日子之后，你才有资格去追求自我完善。在此之前，其他都不要想，就想怎样赚钱。伊斯兰教五大宗教功修之一的朝觐，也要求朝觐者至少给家属留足一年的生活费用，这是朝觐成立的先决条件，为什么？不能因为追求个人的救赎而忽略人应尽的社会义务。

有一位四十几岁的朋友曾叹息着说：我们现在连死的权力都没有了。老人需要人照顾了，子女尚未成人，在这个时候，你选择死，对一家人是多大的打击，想想你死后的家人，你还死得起吗？实际上，他谈的就是人最基本的社会义务。人的修养应该从完成这些最基本的社会义务入手，逃避应尽的社会义务的所谓“修行”，在我看来，都是有缺陷的。所以儒家强调修身要从孝、悌开始。

追求衣食无忧的过程虽然是追求金钱和物质利益的过程，但其中也不是没有修养、没有境界的。赚钱不能不择手段，不赚丧良心的钱，“君子爱财，取之有道”，这就是修养；有了钱不浪费、不挥霍，而是用于更有意义的事情，“欲求天下事，须用世间财”，这就是境界。从怎样赚钱可以看出一个人的修养，从怎样花钱可以看出一个人的境界。

赚钱还应该记住一句话：适可而止。当你已经解决了生存问题之后，就不要再以赚钱为唯一目的了。

怎样算衣食无忧？什么样的生活算是体面的日子？

对于这个问题，恐怕没有大家都能认同的标准。在我看来，衣食无忧不能追求奢侈、追求虚荣。比如说，房子多大算够住？在当下，老少三代住五六十米的房子，你追求换个大的，显然无可厚非；如果一家三口已经有独栋别墅了，还把赚钱买个带游泳池的别墅作为奋斗目标，显然就是追求奢侈了。已经有宝马代步，还不满足，玩儿老命赚钱一定要买劳斯莱斯，显然就是追求虚荣了。

一旦无形中将追求奢侈和虚荣作为奋斗目标，那么，就会永远觉得钱不够用。有大房子要换别墅，有别墅还羡慕人家的豪宅；有法拉利还想要游艇，有游艇还羡慕人家团购直升机。陷入这样一种心态，钱越多越觉得不够用，这辈子就被一个钱字牵着鼻子走了，成为赚钱的工具。

应记住：知足常乐，知止不辱。

还有一种人更是等而下之。不仅将赚钱视为人生唯一目的，有了钱，要么是不肯花，吝啬刻薄，连给自己、给家人花钱都心疼，这就是我们常说的守财奴；要么是不会花，吃喝嫖赌，包明星、养小三，等于是四处找人帮他花钱，这就是我们常说的土财主。

人在衣食无忧之后，应该追求做有意义的事情。什么算是有意义的事情呢？最高境界是追求造福社会、造福人民，其次是追求一份事业甚至是奠定一份基业，再次是追求做自己喜欢的事情。在我看来，这些都是有意义的事情。

我未达到造福社会、造福人民的高境界，但我希望弟子们朝着这个方向努力，“弟子不必不如师”嘛！将钱花在造福社会、造福人民的事情上，才是花钱的最高境界。

在我看来，有钱人是造物的管家，不能心系苍生，不能正确地用钱，就是没有尽职尽责，就是一种罪过。

有财力的企业家应该想着怎样回报社会，形式不要局限在一个“捐”字上。赚不到多少钱也坚持开着公司，为的是给社会多提供几个就业机会，这也是造福社会；不图任何回报，为年轻人提供发展的机会，这也是造福人民。而作为我们个人，即使没有财力、物力，肯牺牲自己的宝贵时间去做义工，也是造福社会、造福人民。人的生命是由时间组成的，在我看来，肯牺牲自己的时间，就是部分地献出了自己的生命。

追求一种不是以赚钱为唯一目的的事业，也是非常有意义的事情。若是由此开创出一份基业，可以让人继承下去、发展下去，有利于社会、有利于人民，那就更好了。但在这个过程中一定要时刻提醒自己，做这些事情最主要的目的不是赚钱，一定不要偏离自己的主要目的，否则，在不知不觉中又以赚钱为主了，变成赚钱的工具而不自知。

古人追求立德、立功、立言的所谓“三不朽”，就是不以赚钱为目的的事业。立德，树立高尚的道德情操，推而广之，带动社会的道德建设，移风易俗，改造世道人心；立功，建立造福社会、造福人民的丰功伟业；立言，提出具有真知灼见的思想，增加人类的知识总量，传播思想、发展文化。

其实，所谓“不朽”，意思是永不磨灭，追求的不过是留下曾经来过的印迹。明人刘宗周《论语学案》在讲到“三不朽”时说：“君子之学，能杜生前之名心，而又激死后之名心，非得已也，总欲了吾分内事而已。”追求留下曾经来过的印迹，是为了激励人去完成我们的“分内事”。这个“分内事”是什么？刘宗周没有讲，不过《格言联璧》上讲得很清楚：“宇宙内事，乃己分内事；己分内事，乃宇宙内事。”

另一种有意义的事，是做自己喜欢的事，当然，得是于身心健康无损的事情。伤身或伤德的事情显然皆不能称为有意义的事情。《尚书·旅獒》中讲：“玩人丧德，玩物丧志。”在我看来，宁可丧志，绝不能丧德。

古人讲：“不为无益之事，何以遣有涯之生。”若养家糊口之余，还有多余的时间和精力，没有追求大境界的决心和勇气，也没有建功立业的积淀和机缘，追求自己喜欢的事情，并努力成为这个领域中的名人，也是非常有意义的事情。

就是养鱼、养花，赏心悦目、陶冶情操，怡然自得其乐，忘记烦恼忧愁，达到心境的平和，也是有益于身心健康的事。沉淀得久了，成为这个圈子中的名人，大家有问题皆来请教，有机会分享自己多年的心得，并得到大家的肯定与尊重，由此得到的精神层面的愉悦，真不足为外人道也，这也是非常有意义的事。冯梦龙《醒世恒言》第四回“灌园叟晚逢仙女”，讲的就是主人公因爱花、种花、护花而成仙的故事。将种草养花视为神仙的事业、神仙的情趣，可见古人对此事的看重。

在我看来，文化，特别是精英阶层的文化，主要是由有钱还有闲的阶层创造和发展的，换言之，推动文化发展的就是这些衣食无忧、追求自己喜欢的事情的人。

除了做有意义的事情之外，人更应该追求自我完善，就是加强修养，这方面我已经谈了很多，这里就不再重复了。

人生最低层次的追求应该是，虽不能造福社会，但不给社会添乱；虽不能造福人民，但不给人民添堵。如果连这个层次的追求都做不到，那就是缺德了。

谈选择

过去有句话：“男怕入错行，女怕嫁错郎。”当下也有句话：“只选对的，不选贵的。”但是，怎样才能对职业生涯做出正确的选择，不入错行呢？

要做出正确选择，就要学会理智思考，要靠缜密的推理、精细的运算、全方面的思维、理性的判断来做出最终的选择。思考什么？或者说，影响我们选择的因素有哪些呢？

首先是大趋势。

唐人罗隐诗中讲：“时来天地皆同力，运去英雄不自由。”《增广贤文》中讲：“运去金成铁，时来铁似金。”这个“时”、这个“运”，就是社会发展的大趋势。你的选择如果顺应了这种大趋势，会觉得似乎天地都在为你提供助力，后面的发展一帆风顺；如果违背了这种大趋势，就会觉得受到诸多限制、制约、约束，没有办法自由行动，就更不要说取得成就了。所以《周易》上才讲“时行则行，时止则止，动静不失其时，其道光明”，《周易》的思想核心也就是“与时偕行”，要按照时代的要求决定自己的行止，这样才能前途光明。因此，你首先得看明白，时代的要求是什么，也就是这个时代的大趋势是怎样的。

看一看，20 多年前去深圳的，有几个是没有发展的？10 多年前去深圳发展的，还是有发展的吧？近几年才去深圳发展的，恐怕多数是一筹莫展了。20 多年前，仅有小学或初中学历闯深圳的人，今天很多已经成为老板，挣出一份家业，但是，你不要指望今天带着大学甚至硕士学位去深圳的人，20 年后也能成为老板。这就是大趋势对人的影响。但是，为什么存在大量的“北漂”，却很少有人漂去铁岭？因为大都市能提供更多的机遇，这也是大趋势。

在做出决定之前，先思考国家发展的大趋势、行业发展的大趋势、地区发展的大趋势、社会发展的大趋势、如果沉下心来，看清楚这些其实也并不难。

不是出于理智的思考，而是为形势所迫不得不选择，即使选对了，成就也有限。把握大趋势的理智选择，才有可能成就引领时代潮流的伟人。

其次是小环境，就是你的日常生活可以触及的那些领域。

《韩非子》一书讲，鲁国有个人自己擅长编织麻鞋，妻子擅长编织帽子，他想搬家去越国居住。有人对他说：“你去越国必定受穷。”他问为什么，这人回答：“越国人习惯光脚、披散着头发，不穿鞋也不戴帽子。你们的专长无用武之地。”鲁国人反问道：“我们可以引导他们穿鞋戴帽，推广之后市场更大，我们怎么会受穷呢？”这就是典型的在选择之前对小环境进行思考。

营销方面有一个与此非常相似的故事。美国两家制鞋商分别派业务员去非洲考察市场，一家业务员汇报：鞋在非洲没有市场，因为那里的人都不穿鞋。另一家的业务员汇报：市场非常大，这里没人有鞋，也没有人卖鞋。他先是送鞋给酋长和当地的头面人物，当这些人都穿上新鞋之后，穿鞋在当地成为被迅速普及的新风尚，由此打开了市场。但这种思路也不能生搬硬套，只是注意到伊斯兰教国家没有造酒厂，却不知道伊斯兰教法禁酒，就去那里推销酒，赚不到钱是肯定的，没准儿还给自己惹来麻烦。可见，正确把握小环境也不是一件容易的事情。

对小环境的把握出现错误，大趋势就没有意义了。20 世纪 90 年代的深圳确实机遇特别多，但如果你去深圳卖箩筐，好像也不会有什么成就。开店的地点没选对，市场大趋势再好，这个店恐怕也干不下去。

思考大趋势，是看未来发展；思考小环境，是看生存状态。以上两个方面可以用一句话概括：看清形势。要做出正确的选择，除看清形势之外，还要了解自己。

首先，要了解自己能做什么。就是分析自己的性格、能力、综合素质及所受教育，看自己适合做什么。天生不爱说话的性格，却去当推销员，业绩恐怕好不了。初中文化，酷爱文学，若是作为业余爱好是非常好的，若是努力想成为作家，就是自讨苦吃了。

当然，人的能力素质不可能与某种选择的要求完全吻合，我们可以在做的过程中完善自我，使自己变得适合，性格可以改变、能力可以提高、素质可以培养，但是，也要看你是否具有这方面的潜质。没有先天的潜质，完全靠后天的努力，很快就会遇到瓶颈，未来发展是有一定局限性的。齐白石年轻时做过木匠，25 岁才开始学习绘画，但并不是每个人都可以从 25 岁开始学画并最终成为国画大师，关键在于有没有潜质。

其次，还要了解自己喜欢什么。喜欢，甚至是热爱，才能唤醒你身上所有的潜力。在我看来，多数人智商差距并不大，关键是能将先天的智力开发出来多少。从事自己喜欢的事业，能将你的潜力充分激发出来，也就能领先于同事了。也可以换一个角度去理解，成功的关键是激发你的潜力，不论是否喜欢，能调动起自己所有的潜力，你就赢了。只不过，如果真的不喜欢，想做到这一点可就太难了。我指导学生做毕业论文时，常常先问他们对哪个领域感兴趣，就是这个道理。

光武帝刘秀可能是东汉唯一一个“明君”了。他处理政务，经常一直干到下午，接下来还经常与学者们讨论儒家经典，直到半夜才休息。太子劝他不要过劳，应注意养生，他的回答是：“我自乐此，不为疲也。”成语“乐此不疲”就由此而来。光武帝是喜欢皇帝这个职业，所以他成为一个好皇帝。与之相反，宋徽宗最喜欢的是书法和绘画，可命运安排，他却从事了皇帝这个职业，结果导致了北宋的灭亡。

每天伏案工作 10 小时以上的学者们，在他人眼中，恐怕都是非常辛苦的，但他们却都“乐此不疲”。我的导师吕绍纲先生，晚年身体状况不佳，最令他感到痛苦的，是无力像从前一样读书写文章了，因此觉得活着没什么意思了。显然，如果不是真的喜欢，他不会生出这个感觉，他也不会在学术上取得那么大的成就。

喜欢不仅能激发人的潜力，还能使人具有从事艰辛劳动的毅力，而这两点都是走向成功的保障。

要知道，大多数人没有机会选择做自己喜欢做的事，能以自己喜欢的事为职业，真的是前世修来的福气，所以，如果有选择的机会，一定要选择自己喜欢的。

以上两个方面，也可以用一句话来概括：找对自己的位置。

人如果真的能看清形势，找对自己的位置，做出正确的选择并不难，但关键是肯思考。

在我看来，选择，就是要顺应大趋势、符合小环境，选适合自己而自己又喜欢的事。

谈　生

现代医学研究表明，男子每次射精排出的精子都达到4—6亿个，若干次才有可能受孕。也就是说，数十亿、数百亿个精子中，只有一个发展成了今天的你，想想看，生的概率是多么低！你数以百亿计的兄弟都没有争取到生的机会，早已消失在下水道、垃圾场等最污浊的场所。想想看，只有你能来今世潇洒走一回，这是造物主多么大的恩赐，我们还怎能不好好珍惜?!

佛家讲“八苦”，第一苦就是“生”，我不知道，其是指“人生”还是指“出生”。在我看来，说“人生”是痛苦的，与说人生“不如意事常八九”一样，是自己的心态没有调整好。想一想生的概率吧，那么，无论今世的生活过得如何艰难，我们都应该为自己得到了生的机会而庆幸，实在不应该将人生视为一段痛苦的经历。

若说“出生”是痛苦的，我就更加无法理解。据说，有的高僧入定后可以在脑海中“回放”自己的一生，直到出生的那一刻，然后他将面对出生前的黑暗。这种回忆是痛苦的，但若是能够突破这段黑暗，就能够回想起前生的一切。但是，我没有见过有如此深厚修行的人，也不知道佛家“八苦”之中的“生”是不是指这种突破黑暗的痛苦。

说“出生”是痛苦的，还不如说生出婴儿的母亲是痛苦的，来得更直观、更真实一些。俗话说得好：“儿的生日，娘的苦日。”现在人们过生日，通行洋式儿。蛋糕上点蜡烛，许愿、唱生日歌，然后吹蜡烛切蛋糕，仪式就算完成了。我一直觉得，不如表现对母亲感恩的内容。要么别过生日，要过，就不要忘了母亲。

初生的婴儿是多么的脆弱，能够长大成人是多么的不容易，父母为此付出了多少艰辛啊！俗话说“不养儿不知父母恩”。儒家极为重视孝，中国人一直把孝抬得很高，称“百善孝当先”，主要就是从回报父母的养育之恩来讲的，却与“出生”关系不大了。

初生的婴儿虽然柔弱，但正是这种柔弱中蕴含着强大的生命力。所以《老子》中说：“人之生也柔弱，其死也坚强；万物草木之生也柔脆，其死也枯槁。故坚强者死之徒，柔弱者生之徒。”老子认为，僵硬是死亡的象征，柔弱才是生命力的象征。

小孩子都盼望着长大，而当我们烦恼时，却常常想：像孩子那样多么快乐，真希望我们不曾长大。长大是不可避免的，但若希望永远像孩子一样快乐，就应该设法保住我们的童心。就如同老子说的“如婴儿之未孩”，这也是一种修行。若能返璞归真，将心态修到我们刚刚出生时的那种状态，无喜无悲，大约也就可以破除烦恼了吧。

出生时的婴儿是无悲无喜的，欢喜的是他的亲人们。就如同人去世后，死去的人也无所谓喜和悲，悲伤的也是他的亲人们。为你的生而喜、为你的死而悲的那些人，是真正关爱你的人，也是你最应该珍重的人。也许我们可以由此引申出一条很简单也很容易操作的人生道理：你对身边人的重视程度，应该与他们为你生而喜、为你死而悲的悲喜程度成正比。

不要让爱你的人伤心，不要让信赖你的人失望。

出生之前我们在哪里、是什么状态？换句话说，我们从哪里来？对于这个问题，哲学家、宗教家们给出了种种不同的答案。但是，生，来之不易，应该珍视生命，却是大家一致的看法。《孝经》上讲："身体发肤，受之父母，不敢毁伤，孝之始也。"教人爱惜自己的身体，认为这是孝之始，实际上也就是教人重视生命。

这一生来之不易，所以要认认真真地过，不要荒废、不要浪费；这一生来之不易，所以要完善自我，把生带给我们的机遇发挥到极致；这一生来之不易，所以要努力留下曾经来过的印迹；这一生来之不易，所以要参悟绝对真理、自然法则，明了生的真谛。

西汉刘向《说苑》一书记载，孔子游泰山时，路遇衣裳破旧却弹着琴唱着歌的荣启期，他当时已经快 90 岁了。孔子问："老先生为什么如此快乐呢？"荣启期回答快乐的原因，第一项就是："万物唯人为贵，吾得为人矣，是一乐也。"我们这一生来之不易，应该珍惜，更应该像荣启期一样，将之视为快乐的源泉。

美国《独立宣言》中提到："人人生而平等，造物者赋予他们若干不可剥夺的权利，其中包括生命权、自由权和追求幸福的权利。"生命权、自由权、追求幸福的权利，这些被称为"天赋人权"。在我看来，生之所以可贵，最重要的是它给予了我们追求幸福的可能。

好好使用你的"天赋人权"，将人生变成一个追求幸福的过程吧，不要以生为苦，"为赋新词强说愁"了。

谈 老

老也是佛家讲的“八苦”之一，认为年迈是一个痛苦的过程，虽然我尚未年迈，但对此还是认同的。

虽然说歌中唱的“最美不过夕阳红，温馨又从容”，但那得以没病、有钱为前提。若是百病缠身，怎么可能温馨，又怎么从容得起来?

就是没有大病，那伴随自己尝遍天下美食的胃，现在不知道哪一口吃得不合适就疼，弄得这也不敢吃、那也不敢吃，多吃一口不是、少吃一口也不是；那伴随自己走遍名山大川的腿，如今上下楼梯就疼，稍走远一点儿就软，弄得下趟楼得下半天决心，走到哪儿都得带着小板凳，四处打听哪个牌子的轮椅好用，天天担心摔倒骨折会卧床不起，越发哪儿也不敢去了。那陪着自己阅遍天下美景的双眼，现在不光是花，要么青光眼，要么白内障，只这青、白二事就弄得一切都看不清楚，看电视都人影飘忽，更不用奢望读书看报了。吃不下、睡不着、出不了门、看不了书，又无事可做，不论对于精神还是肉体来说，毕竟都是痛苦的事。

老最大的苦还不在于此，而在于其是死的前奏。我的导师曾笑着对我说：“所谓安度晚年，就是混吃等死。”看着他洒脱的笑容，我心里却很不是滋味。

但是，中国古人似乎并不很在乎老。可能是因为，在古代那种尊老的社会环境下，老不仅有着上述负面的东西，也还有一些鼓舞人心的方面。

《论语》中讲：“乡人饮酒，杖者出，斯出矣。”在乡里的聚会，以及类似的公共场合，老人们受到特殊的尊敬，要让拄着拐杖的老人先行离开，大家才能离开。《孟子》中讲：“曾子养曾皙，必有酒肉，将彻，必请所与，问有余，必曰有。”在家中，老人受到特殊的照顾，有专门供给他们的精美饮食。长辈无论是在家族中还是在社会上，都拥有不容置疑的权威；长者被视为经验和智慧的象征，年轻人常常来向他们请教，使他们充分感受到自己存在的价值。以这些正面的东西去综合一下那些负面的东西，老自然也就不显得如何可怕、如何痛苦了。

近代以来，社会发展越来越快，老人的经验越来越不具有借鉴价值。反过来，老人常常要向年轻人学习新东西，文化人类学称之为“后塑文化”的这种新型社会，将老年人边缘化，老所带来的正面的东西被剥夺，仅留存负面的东西。于是乎，老也就真如佛家所说，成为一种苦了。有人说，美国是孩子的天堂、中年人的战场、老年人的坟墓。无疑这种西方文化也对当代中国形成了一定的影响。

结果是，当下大家都在刻意地回避老。一些上了年纪的老人整容、化妆、护肤、做美容，尽力保持年轻人的状态，学年轻人那样的穿着，学年轻人那样说话，学年轻人那样的举止，老人们都在追随由年轻人引领的时尚。一句话，要证明自己不老。

连称呼都发生了微妙的变化，像我老人家这样年近半百的人，在过去早已经被尊称为叔叔、大爷了，现在，不论走到哪儿，跟我女儿年纪相仿的服务生都管我叫哥。在我看来，老作为一种文化，似乎正在消失。

但是，老毕竟是无法抗拒的过程。不论你如何保养、如何整容，年轮终究还是要爬上你的额头。既然无法回避又无法抗拒，那我们就只能去适应。

医疗的发展确实能解除由老带来的部分病痛，科技的发展确实能为老人创造一定的便利，如果优化一下我们的文化，强调孝，提倡全社会关爱老人，也确实能解除老造成的部分精神方面的痛苦，但除此之外，要使老不再成为一种苦，最重要的还在于，老人们面对老的时候自己的心态。

怎样调整心态？

一种是像孔子所说的："发愤忘食，乐以忘忧，不知老之将至。"能学习当然更好，也可以是老有所乐，给自己找一乐趣，培养一种爱好，寻找一种寄托，当然，这种爱好和寄托最好是不大需要体力的，不需要别人配合就能完成的。

一种是像荣启期说的："贫者，士之常也；死者，人之终也。处常得终，当何忧哉！"死亡不过是人生的终点站而已，就是从容地等待到站下车，也没什么，关键是自己能看得开。

除了寄托、看开之外，最能平复人心态的就是信仰。不是将死亡视为生命的终结，而是视为人生的一次转折、一种生存状态的转换、一种向永恒生命的回归，那么，老不过是这次浪漫之旅中枯寂的一站，心向往着愉快的终点，这暂时停靠的必经之站，也就变成并不是无法忍受的了。

谈　病

古人讲："无病之身，不知其乐也，病生，始知无病之乐；无事之家，不知其福也，事至，始知无事之福。"真是至理名言。

无病无事时，都不觉得这就是人生的幸福快乐，要么胡吃海喝、买醉求欢。弄出病来，要么赌气斗狠、没事找事；弄出事来，不是得花钱治病，就是得求人摆事。忙乱若干时节，拼个心力交瘁，才好不容易病好出院、息事宁人，还说"大难不死，必有后福""破财免灾"之类的话，来自我安慰。却不知，这病、这事，都是因为不知道珍惜无病无事的幸福，自己招惹来的。

人的思维误区，总是将追求得到视为幸福，往往忽视了没有痛苦和灾难也是一种幸福。若仅以得到为幸福，所希望得到的不外是名利二字。这种幸福，实际上只是使虚荣心得到满足，既云"虚荣"，可见不是真福。再者说，人生得到的时候少，没有痛苦和灾难的时候多，若仅以得到为幸福，享受到幸福的时候可就不多了。

在我看来，病是一种提醒，提醒人参悟。就拿最常见的感冒来说，高烧不退、头晕目眩、食欲不振，一句话，难受得厉害。但再重的感冒，基本上一星期也就过去了。想一想病中的难过、痛苦，再想一想上次感冒是什么时候，才发现已经 8 个月没有感冒过了。也就是说，在过去的 32 个星期里，自己享有没病的快乐，而如今只经历了一周的病痛，痛苦才只占你 1/32 的时间，想到此，你不觉得自己很幸福吗？偶尔降临的病痛，就是提醒我们注意没病时的快乐。

有位朋友感叹他不幸福，我说身生在福中不知福，他反问我："我有什么幸福？"我说："你父母无恙，孩子没病，妻子没病，你自己既没有卧床不起、生活不能自理、等人侍候，也没有天天跑医院去侍候家人，这难道不是福？你还说自己不幸福，也只能说明你是脑子有病。"

到病房看一看，肯参悟的人幸福感油然而生。我没有脑血栓、高血压、糖尿病、尿毒症、肾衰竭、肝坏死、青光眼、白内障、肺结核、心脏病、恶性肿瘤、骨关节炎……到这里才发现，原来有这么多的人被这些病痛折磨，才发现自己没有这些病是多么难得、多么幸福。

珍惜无病时的健康，珍惜老迈前的青春吧。

当然，也应该由此萌生另一种想法——我是幸福的，可是这些得病的人是多么的不幸，我能否帮他们做些什么？由怜悯心生出慈爱心。俗话说"医者仁心"，好的医生应该有"仁者爱人"的心态，想帮助患者，这就是莫大的功修，所以古人将医生这个职业称为"悬壶济世"。不要小看他那把药壶，如果真的抱有"济世"即救助世人的心态，他的福报是非常大的。可惜，现在的医院治病已经纯粹是一种买卖了，既然是买卖，当然以追求利益最大化为首要目的，我们还能说什么呢？

病也在提醒我们另一件事——死。

有病自然求医用药，但都能治好吗？有医治无效的吧？那结局呢？由大病我们应该参悟到，死亡对于我们每个人都是临近的，我们应该为死亡做好准备。

俗话说："人吃五谷杂粮，焉有不病之理?"有道是："病从口入，祸从口出。"似乎人的病大多是吃出来的，故而有人提出，将吃出来的病吃回去。是否有疗效姑且不论，提法非常新奇，并与上述说法正相对接，因此很有号召力。医生也会明确地告诉你，当下的常见病，如高血压、高血脂、糖尿病、脂肪肝之类，确实和饮食有关。但在我看来，与其说病是吃出来的，不如说病是气出来的、愁出来的，一句话，与心态有关。

古人讲："药能治假病，酒不解真愁。"真正有烦恼，酒也不能麻醉自己，只能是借酒浇愁愁更愁；能药到病除的病都是"假病"，不是真正的病，若真是天降大病于斯人也，最终结果也只能是医治无效、享年某某岁而已。俗话说"治得了病，治不了命"，就是说，能治的病，都是命不当绝的"假病"，若是得了命该如此的病，医生也束手无策。

"假病"这个概念非常耐人寻味，在我看来，这样的病一大半与心态有关，另一小半与不良生活习惯有关。

观察一下你身边的人就会发现，患有各种慢性病的人，性格往往走两个极端。或是暴躁、脾气大、爱抱怨、说是非，经常气得要死；或是抑郁、心眼小、想痛苦、挑毛病，经常愁得要命。也有一些人是在两个极端之间游走，或是两边的特点都占一些。开朗、乐观、心态平和的人占的比例是比较小的。患有同样疾病，心态平和的人也往往程度轻、进展慢。

我以前总是以为，是病痛导致了他们性格的不平和，就是俗话说的"让病给拿的"。但后来却渐渐地觉得，这个因果关系应该倒过来，是因为他们性格的不平和，日积月累，最终导致身体上的病痛。所以，调整心态、修养性格，对身体健康是非常重要的。

修心就是养生。

谈　死

死也是一种观念，不同文化、不同民族对死的看法是不一样的。

对于无神论者来说，人在今世降生是生命的起点，死亡是生命的终点。人生有起点、有终点，像是一条线段。西方的宗教观念，如基督教、伊斯兰教、犹太教，都认为生命的起点是造物主对人的创造，死亡并不是生命的终点，而只是转换了一种生存状态。人离开当下这个物质世界之后，进入另一个世界，或入天堂或下火狱，却是一直存在下去的。换言之，生命有起点，没有终点，像是一条射线。东方的宗教，典型的如汉传佛教，相信“六道轮回”，认为死亡就是到阴间走一遭，然后还要转世托生，重新出现在这个世界上。生命通过轮回生生不息，无所谓起点，也无所谓终点，更像是一个圆。

孔子生前回避谈死亡。他的弟子子路曾专门向他请教这个问题，老夫子却说：“未知生，焉知死。”不肯说出自己的看法，导致儒家的思想体系里，没有明晰对死的认识。中国人后来接受了佛教的轮回观，与此不无关系。

不论如何理解死亡，死的最明显标志是，你在当下这个世界里所营谋的一切被外力硬性地画上了句号。换句话说，死，就是你不得不从当下离开。这种强制性离开，对人生的意义远大于死亡本身，在我看来，是死亡使生命变得有意义。

换个角度想一想，如果没有死亡，我们可以在今世一直活下去，那种漫长无止境的生命还有什么趣味？今世的物质生活花样毕竟是有限的。没有死亡，甚至连荣誉、自豪都难以存在。就拿现在的高考来说，谁家的孩子考上北大、清华，都是一件很光荣、很自豪的事情。但如果人可以不死，我就可以抽出 100 年的时间复习考试，年年只报北大、清华，这样好像谁都可以考上，哪还有荣誉感、自豪感可言。

死亡使人生的过程更像艺术体操，强调的是在规定时间内完成规定动作，比的是谁完成得更顺畅、更华丽。从这个角度看，不正是死亡限定了人生的样式吗？

人为什么年轻时就要结婚生子？不就是担心如果要孩子晚，没等把孩子抚养成人自己就死了嘛！人为什么年轻时就希望事业有成？不就是担心晚年才有所成就，自己享受不到就死了嘛！正是在死亡之鞭的驱赶下，我们忙忙碌碌地活着。当下人人都喊忙，忙什么？为什么忙？仔细一思考，归根结底，是忙着去死。换句话，我们是为死亡活着。所以我才说，是死亡使生命变得有意义。

死亡也在纠正我们的人生态度。正如《格言联璧》上所说："欲心正炽时，一念着病，兴似寒冰；利心正炽时，一想到死，味同嚼蜡。"再怎么有追求的人，给他一张病危通知书，告诉他还只能活三个月，那也是万念俱灰，什么理想、事业也都不想了；再怎么贪图名、利、权的人，告诉他已经身患不治之症，名利对于他也就味同嚼蜡了，平时看不开、放不下的，这时都看开、放下了。

既然人早晚要死，早晚不得不放下，那么，我们为什么一定要等到死亡前来威胁我们的时候才放下呢，为什么不能现在就放下呢？这就是死亡教给我们的人生态度。

相信作恶者死后会受到相应的惩罚，这属于宗教观念的范畴，我这里不谈，但不知是否与此有关，中国人对死亡充满了恐惧。中国人相信道教的白日飞升，就是想长生；相信佛教的涅槃，就是想不死。

从心理学的角度讲，人容易对不了解、难把握的事情产生恐惧，对死亡的恐惧可能也是因为死亡是人无法把握的，人也不了解死后会是什么状态。就如同搬家，如果你不知道搬去哪里，就被人强制扔上车，你肯定会感到害怕，但在现实生活中，我们都是高高兴兴地搬家，因为我们知道要搬去一个比现在条件好得多的地方。如果死亡对于你来说，也是由今世搬到另一个条件好得多的地方，你还会对死亡产生恐惧吗？恐怕是充满期待才是。

宗教许诺给行善的人死后的美好归宿，是一种临终关怀，可以将人对死亡的恐惧降至最低点。

实际上，中国古人有着对死亡的深刻感悟。孔子周游列国时，遇到魏国人林类，当时他已经快 100 岁了，穿着破旧的衣服，在田间拾农夫收割时遗落的麦穗做自己的口粮，可是他很快乐，一边拾麦穗一边唱着歌。孔子对弟子们说：“这是一个很值得与他谈话的人。”子贡听到后，与林类有过一番对话，在涉及死亡问题时，林类讲：“死之与生，一往一返，故死于是者，安知不生于彼？故吾知其不相若矣。吾又安知营营而求生非惑乎？亦又安知吾今之死，不愈昔之生乎？”

关于死，林类提出了三个问题。第一，死亡真的是生命的终结吗？在此处死，不会再在其他地方生出来吗？第二，如果说会，那么，只追求在当下的生难道不是一种困惑吗？第三，我们怎么知道死后一定不比生前好呢？问题虽然浅白，但对生命、对死亡的感悟却是深邃的，值得我们去慢慢品味。

谈“留有余”和“求阙”

豫商的典范、明清时期被民间称为三大“活财神”之一的河洛康家，有一块《留余匾》，体现着康家的家训，全文如下：

> 留耕道人《四留铭》云：“留有余不尽之巧以还造化，留有余不尽之禄以还朝廷，留有余不尽之财以还百姓，留有余不尽之福以还子孙。”盖造物忌盈，事太尽，未有不贻后悔者。高景逸所云：“临事让人一步，自有余地；临财放宽一分，自有余味。”推之，凡事皆然。坦园老伯以“留余”二字颜其堂，盖取留耕道人之铭，以示其子孙者。为题数语，并取夏峰先生训其诸子之词以括之曰：“若辈知昌家之道乎？留余忌尽而已。”

这里提到的留耕道人，指宋朝人王伯大。他字幼学，号留耕。“四留”是王伯大的人生格言，我还是从河洛康家这里才知道的。

在我看来，“留有余不尽之巧以还造化”，就是机巧不能算尽、聪明不能用尽。从工艺的角度讲，不能巧夺天工；从为人的角度讲，不能追求完美。

为什么这样？下文说得很明白，“造物忌盈”，人过于完美是会遭到老天嫉妒的，就会给自己招来灾祸了，把事情做得特别绝，后面肯定会遇到令你后悔的事。俗话讲：“十分聪明用七分，留下三分给儿孙。”就是这个道理。

最重要的是，为人处世不能过于精明，精明过头往往就会刻薄，对自己不好。《红楼梦》金陵十二钗曲子里对王熙凤的评价是：“机关算尽太聪明，反误了卿卿性命。”是对王熙凤一生的真实写照。看看王熙凤，我们也可以悟到机关算尽的害处了。所以，郑板桥那句名言“难得糊涂”，是很耐人寻味的。郑板桥为这四个字加的注解是：“聪明难，糊涂难，由聪明转入糊涂更难。放一着，退一步，当下心安，非图后来福报也。”

“留有余不尽之禄以还朝廷，留有余不尽之财以还百姓”，从字面上看，谈的都是钱财方面，综合起来讲，就是对国家、对社会，不要总是想着索取，也要想着回报。

但在我看来，这两种“留有余”，前者暗示着在权势方面给自己留有余地，后者暗示着在金钱方面给自己留有余地，就是有权、有钱时，不要得意张狂，将权用尽、将钱花完，要懂得分权、让权而不揽权，要懂得让利、施舍而不吝啬。要知道，“倚势欺人，势尽而为人欺；恃财侮人，财散而受人侮”。

“留有余不尽之福以还子孙”，就是福不可享尽，要知道留福给儿孙，自己增一分享受，就少一分福报。

怎样才算是留福给儿孙？

第一是积德行善。“留福与儿孙，岂必尽黄金白镪；积德为产业，由来皆美宅良田。”留给儿孙黄金白银，不如积德；积德才是真正的产业，是用不完的美宅良田。

第二是凡事留余地，记得“吃亏是福”。“要好儿孙，须方寸中放宽一步；欲成家业，宜凡事上吃亏三分。”心中时时存一个宽厚待人的心，这样才会有好儿孙；要成就一番家业，并很好地传承，应该凡事吃亏三分。

第三是讲天理、走正道。“存一点天理心，不必责效于后，子孙赖之；说几句阴骘语，纵未尽施于人，鬼神鉴之。”就是说几句积阴德的话，也是施舍。

第四是重视子女教育。“至乐无如读书，至要莫如教子。”教育最重要的是以身作则，不仅言传，更要身教。“心术不可得罪于天地，言行要留好样与儿孙。”

在儿孙教育中，还有很重要的一项，是不要忘本。《格言联璧》中讲，“祖宗富贵，自诗书中来，子孙享富贵，则弃诗书矣；祖宗家业，自勤俭中来，子孙享家业，则忘勤俭矣。”举出了两种忘本的类型。其一，祖先靠读书富贵的，儿孙享受着富贵，却恰恰不读书了。其二，祖先靠勤俭起家的，儿孙享受着家业，却恰恰不知道勤俭了。《红楼梦》中还给我们提供了另一个典型例子，四大家族之一的薛家，靠经商起家，可是到薛蟠这儿，却对经商一窍不通了。这就是我所说的忘本。

忘本之家的富贵必定不长久。看看当下，就凭这一条，我们已经可以预见多少富贵人家在不久的将来的衰败。当然，不忘本不等于儿孙总是要从事与先辈相同的职业或行当，但是，如果对自己家族靠什么起家都一无所知，这样的儿孙，能守住家业才是怪事。

总而言之，“四留”讲的是做人要给自己留余地、给他人留余地，这样自己才会有后福。也就是《格言联璧》中讲的：“事不可做尽，言不可道尽，势不可倚尽，福不可享尽。”

《留余匾》的最后一句点出了关键：“若辈知昌家之道乎？留余忌尽而已。”使家道昌盛的秘诀就是四个字“留余忌尽”，凡事留余地、别做绝，如此而已。

换句话说，留余，就是不要追求圆满。与此非常类似，曾国藩将自己的书斋命名为“求阙斋”，求阙即求缺，追求有缺欠、有缺憾，而不追求完美、圆满。为什么？就是《留余匾》上讲的“造物忌盈，事太尽，未有不贻后悔者”。

知道留余、求缺，莫为已甚，人生才能显得从容。更重要的是，才不至于大起大落、大喜大悲，事业才能平稳地走向成功，家业才能有效地传承。可惜的是，在唯利是图、浮躁奢华的当下，还有谁考虑这些？

谈珍惜

严重的疫情已经过去了，新的一年又开始了。我想问的问题是，你在疫情中的收获是什么，学习了吗，修身了吗，成长了吗？

不论疫情给我们造成多大的冲击，我们应该明白，这不过是人生的过程而已。人生总是有种种的不如意需要面对，疫情不过是其中的一种。难道没有疫情就没有困难了吗？困难依旧会如黑夜一样不断降临，关键是你如何面对！

面对疫情，我看到更多的人是恐惧，是忧虑，是焦躁；也许有人感悟到了生命的无奈与脆弱，可是，却很少看到珍惜。

虽然我以为自己勘破了生死，实际上好像还没有，但我至少学会了珍惜。珍惜死亡之前的生命，珍惜衰老之前的精力，珍惜疾病之前的健康，珍惜失去之前的一切。

生命是短暂的，但正因为短暂才像烟花一样的灿烂；生命是脆弱的，但正因为脆弱才像春风一样的柔软；生命也是拼搏的历程，但正因为拼搏才像太阳一样明天依旧冉冉升起。正是因为如此，我们才要珍惜，珍惜生命的短暂，珍惜生命的脆弱，更要珍惜生命中难得的拼搏的机会。天行健，君子以自强不息，以自强的精神拼搏，让短暂、脆弱的生命活出刚健与永恒。

珍惜这来之不易的一生一世。不要怨，不要恨，不要悔，只要珍惜。

哪怕只是喝一口水，也要珍惜，这就是幸福，因为还有几百万人的生活用水有困难；面对年夜饭，更要珍惜，这更是幸福，因为还有几千万人吃不到你看不上的饮食；你还能在手机上看这段文字，加倍珍惜吧，你的幸福在地球上已经名列前茅了，因为有数以亿计的人没有手机，更不认识任何文字！

珍惜生活中的一饮一啄，珍惜生命中的每一次相遇，更要珍惜短暂生命中的相伴相依。

正是因为人生不如意事十之八九，才需要我们努力修身，以喜乐的心态去面对；正是因为这个世界是不完美的，才需要我们努力使之趋于完美。世界是属于你的，而不是你属于这个世界。

珍惜帮助我们成长的所有磨难，包括疫情，以及一切。

演讲录

阳明心学

——实践的哲学

很高兴有机会来和大家分享一下王阳明的思想。

最近这几年，阳明心学越来越受到人们的关注，但到今天为止，它在中国的热度还比不上日本。近代第一位领导日本海军打败了俄罗斯海军的日本海军大将——东乡平八郎，曾经带着一个腰牌，上面写着一句话，即“一生俯首拜阳明”，他最佩服的古人就是王阳明。阳明心学在日本、韩国等东亚国家，一直是长盛不衰的，对于这些国家的政治家、企业家的影响非常深远。在国学逐渐升温的情况下，阳明心学也受到了越来越多国人的关注。但阳明心学的核心是什么？它在当下的意义是什么？它能带给我们什么？这是我们尤其需要思考的问题。

既然今天要和大家分享的是阳明心学，那么首先让我们解读一下这个题目。什么叫阳明心学？最简单的解释，用一句话来概括，阳明心学就是明代的王守仁开创的新的儒家学派。因为王守仁号阳明，他被弟子们称为阳明先生，所以这一新的儒家学派被称为阳明心学。这是在宋明两代儒家复兴的浪潮里兴起的一个新的儒家学派。

可能有的朋友会问，儒家本身就是一个学派，为什么儒家还兴起了新的儒家学派？因为在孔子去世以后，儒家内部出现分裂，在战国时期儒家就分成了八派，史称“八家之儒”。汉代以后，儒家有一个衰落的过程，到宋代儒家复兴，这时候又产生了若干新的儒家派别。从宋朝到明朝期间兴起的儒家派别，为了将他们的学说与早期的儒学派相区分，我们统称其为宋明理学。宋明理学中影响最大的是两派，一派是“程朱理学”，程指程颢、程颐兄弟（也称“二程”），朱指朱熹。这一派后来成为明清两朝科举考试的内容，因而影响力最大。另一派就是“阳明心学”。

王阳明一共有过多少弟子，现在很难统计，有学者做过考证，在史书里能找到的有名有姓的弟子就有四百多人，而且王阳明的弟子绝大部分是进士出身，用我们今天的话来说，属于精英阶层。因此，在王阳明以后，这套儒家学说乃至修炼方式迅速传播开来，在明后期对朝野的影响极大。

那又为什么称心学呢？心学是宋明理学中的一派。心学的开创者并不是王阳明，而是南宋的陆九渊，王阳明是心学的集大成者，所以谈到心学，我们现在一般也称之为“陆王心学”，陆是指陆九渊，王是指王阳明。而王阳明的思想和陆九渊也不完全一致，王阳明的心学，我们才称之为“阳明心学”。

我今天要介绍给大家的主要是两个方面的内容。第一个方面，想和大家分享王守仁的生平以及阳明心学的核心理念；第二个方面，想和大家简单介绍一下阳明心学的修行方法。在介绍王阳明生平的时候，顺便了解一下他不同时期的思想，更能看出他的思想发展演变历程，或者说他的心路历程。

首先是第一个方面，王阳明的生平。

王守仁，1472 年 9 月 30 日出生于浙江余姚，1529 年 1 月 9 日病逝于江西南安府的青龙铺，享年 57 岁。距我们现在大约 500 年。

王阳明的一生可以分成四个时期。

第一个时期是青少年时代。古人总结，将王阳明的青少年时代称为“五溺时代”，溺是沉溺，王阳明年轻的时候沉浸在五件事情之中。关于王阳明的童年、少年时期的人生经历，有两件事情非常值得一谈。

第一件事情发生在他 12 岁的时候。有一天，王阳明突然给他的老师提了一个意想不到的问题——人为什么要读书？他的老师站在当时的社会背景下，给他的解答是，读书是为了参加科举考试，考中了才能当官。这个答案用今天的话说，比较世俗，也比较功利。事实上，我们今天也是这么辅导孩子的，只不过科举考试变成了考大学而已。好好学习才能考上好大学，考好大学将来才能有好的职业，才能有高的收入，才能买房、买车、买房车。我们也是这么教育孩子的吧？王阳明对老师的答案表示不满。老师反问他，那你说读书为了什么？王阳明在 12 岁的时候说出了他的名言，读书为学做圣贤。人为什么要学习，要读书？通过了解往圣先贤的嘉言懿行，在生活中去落实、去实践、去模仿，以提升自己，使自己达到圣贤的境界。这才是读书的根本原因。王阳明这一年只有 12 岁，而且我们知道古人计算年纪都是按虚岁，按今天的说法他只有 11 周岁，相当于现在小学四年级的学生，他就已经有了这样的理解和感悟，或者说人生追求和抱负。

可以说，孩子小的时候抱负有多大，在某种程度上，已经决定了他未来的人生境界、事业能够走多高。虽然这是一个非常简单的问题，但是根据其答案可以看出人的境界。为什么要读书？周恩来读中学的时候也曾经被老师问到过这个问题，他的答案我们都知道，“为中华之崛起而读书”。他年轻时就有这样的追求和抱负，因此他真的把毕生的精力都奉献给了为中华之崛起。这就是人生的境界。事业的高度取决于境界，境界从很小的时候就能体现出来。

老师把这件事当作一件大事，向王阳明的父亲王华做了汇报，说明他的老师很有眼光。王阳明的父亲感觉很欣慰，没有批评孩子，说明他老爸也比较有眼光。对照一下就能看出我们的差距。如果我们的孩子说读书是为学做圣贤，我们会有怎样的反应？估计很多人会说："宝贝！别瞎想了，赶紧做作业去吧！"当下的很多家长对孩子的抱负是持一种打压的态度，最后把孩子非常宏大的愿景，硬拉回到残酷的现实当中来。孩子有很高的理想和抱负，我们不是鼓励，而是硬把他从理想的天空里给拽回来。所以，孩子没什么出息，就不能怨孩子了。我们能感觉到，王阳明从小就表现出一种与众不同的追求。

第二件事情是王阳明 15 岁的时候，他和父亲提出一个要求，他要出居庸关考察。当时明朝正在和草原上的蒙古人作战，而且明朝处于劣势，王阳明虽然很小，但很关注国家大事，他在想明朝的部队为什么打不过蒙古人，他要实地考察一下。出乎我们的意料，这样的要求，他的父亲竟然也同意了。王阳明考察回来之后，写了一篇长达一万字的调研报告，想让他父亲替他上奏皇帝，这回他父亲死活不同意。对于国家大事，你拿一个小孩子写的东西给皇上看，这谁敢啊！报告没有递交上去，但王阳明开始专心致志地研究兵法了，他想要领兵打仗，为国立功。不仅研究兵法，还研究武术，王阳明箭射得非常好，就是这个时候练出来的。

王阳明从 15 岁开始，就非常关注时事，关注国家大事，而且想要为解决社会问题做出一定的贡献，这也是一种心胸和境界的体现吧！

明代后期有一副非常有名的对联："风声雨声读书声，声声入耳；家事国事天下事，事事关心。”这才是一个有良知的读书人应该追求的境界。每天只知道躲在书房里，“两耳不闻窗外事，一心只读圣贤书”，心胸、境界就太低了，也就决定了人生走不了太高。王阳明从很小的时候就知道家事、国事、天下事，事事关心，所以后来才能有那么大的成就。

王阳明童年、少年时代的事情，我觉得这两件事最应该引发我们的思考。从古人的故事里面观照现实，我们能不能得出一些启示？现在每天把孩子圈在书房里做作业，对他未来的发展会不会形成某些弊端？这是我们需要思考的。

王阳明 12 岁的时候要读书做圣贤，15 岁的时候关注国家大事，要为国立功。前者是文，后者是武，在文武两个方面，他都有非常大的追求。

可能是王阳明这个孩子太能折腾了，所以家里早早地就为他完婚了。中国民间一直到现在仍旧采取的对付淘小子的方法，就是让他早点儿结婚，成为已婚之人，拖家带口的，也就不好意思再出去惹是生非了。王阳明早婚，17 岁的时候娶妻诸氏。由于他父亲当时在北京当官，走不开，就让他到媳妇家去完婚。结婚的时候也闹了一个笑话，新婚之夜王阳明作为新郎官竟然失踪了。

原因是，举办完婚礼之后，王阳明在这边也没有熟人，就自己出门去散步。路过一个道观，进去参观，看到一个老道士正在打坐，就向老道士请教如何打坐修道，然后就与老道士打坐了一宿，根本忘记了晚上人洞房的事儿。导致新婚之夜新郎官失联，直到第二天早晨，诸家才在道观里找到他。

婚后，王阳明在岳父家住了一段时间。他发现岳父有一摞子好宣纸，就每天拿几页来练习书法。在诸家这段时间，王阳明的书法进步极大。王阳明绝对是明朝排名在前的书法家。王阳明是个多才多艺的人，由于他在心学方面的贡献太大了，人们一提到王阳明就想到阳明心学，将其他方面的成就都屏蔽了。不仅书法，王阳明的诗歌、文学修养在明代也是排在前几位的，军事武功就更不用说了。他的书法成就和他年轻时候在媳妇家练字有直接关系，媳妇家也付出了不少宣纸，等到他带着媳妇回北京，他岳父发现家里存的宣纸都没了。

王阳明在带着媳妇回京途中，拜见了当时著名的儒家学者娄一谅。与娄一谅一番深谈之后，王阳明更加坚定了“圣人必可学而至”的信念，圣人的境界不是天生的，是通过学习达到的，因此是每个人都能够达到的。王阳明坚定了这个信念，这时候他只有 18 岁。

我们总结一下，王阳明年轻时都致力于哪些事情呢？“五溺”都是什么呢？“初溺任侠之习”，这是第一溺，说得好听点儿就是行侠仗义，打抱不平，要说得不好听呢，就是四处惹是生非；“再溺骑射之习”，之后沉溺于骑马射箭了，因为想将来带兵打仗，为国立功，这是第二溺；第三溺，“沉溺于词章之学”，词章之学就是文学，之所以王阳明后来诗歌写得那么好，就是因为年轻的时候曾经醉心于此；第四溺，“沉溺于神仙之习”，就是道教的各种修炼，所以新婚之夜都没回来，忙着修炼呢；第五溺，“沉溺于佛氏之习”，就是佛教，王阳明对佛教也有着精深的研究。我们读《传习录》时就能发现，他和弟子之间的谈话，往往是从佛教的角度切入来阐释他自己的思想。在年轻时，王阳明沉溺于这五件事情。

总体来讲，王阳明的青少年时代给我们的印象是一个精力旺盛的孩子，充满着好奇心，什么都想学，什么都往里悟。但即使这样，他也没有放弃儒家的学说。因为他老爸是状元出身，王阳明自然也要参加科举考试，只不过王阳明心不在这个上面，所以前两次都没考上，一直到 28 岁第三次参加科举考试，终于考中了进士。

在第二次科举考试没中之后，他说了一句名言，“世以不得第为耻，吾以不得第动心为耻”。得第就是考中，王阳明的意思是说，普通人都把参加科举考试没考上当成耻辱，而我把没有考上而动心作为耻辱。从这件事情我们能看出，王阳明年轻的时候一直在按照儒家的方式进行自我修炼，他在修孟子说的不动心。

在“五溺时代”，他也没有放弃对儒家的追求，还有一件小事，应该也是此时期发生的，就是“王阳明格竹子”。

当时儒家的主流是程朱理学，特别是朱熹的思想。朱熹提倡的修行方式是，世间万事万物皆包含着道理，要一件事一件事去搞明白，时间长了之后，就能豁然开朗，融会贯通，就真正开悟了。儒家典籍《大学》讲，儒家的修行方式是格物、致知，诚意、正心，修身、齐家、治国、平天下，起步是格物。朱熹理解，格物就是一件事一件事地把具体事情搞明白，搞明白里面包含的道理，积累到一定程度之后，由量变到质变，终究有一天能豁然开朗。

王阳明年轻的时候相信朱熹的说法，也认为这套修炼方法是正确的。他和一个朋友一起修炼，两个人商量，既然所有的事情里都包含着道理，需要一件事一件事搞明白，那就先格一格竹子里边包含的道理是什么吧。他的朋友面对竹子打坐三天三夜，什么道理也没想出来，人累病了。王阳明觉得他朋友没有成功的主要原因有两个：第一个是悟性差点儿，第二个是身体差点儿。结果王阳明自己格了七天七夜，也累病了，也没想明白。于是他开始对朱熹提倡的修炼方法产生了质疑。这是他在北京期间第一次对主流的儒家修炼方式产生怀疑。

王阳明中了进士之后开始当官，进入他人生的第二个阶段。我给他人生的第二个阶段起了个名字，“仕途蹉跎与龙场悟道”。一看这个名字大家就能想到，王阳明早期在北京当官时仕途不太顺利。因此，在一段时间之后，王阳明对官场心灰意冷，就在31岁这一年告病回乡，和皇上请病假回老家了。回乡之后，王阳明开始按道家的方式行导引之术，说明“五溺时代”的影响还没有完全过去，他还是很痴迷于道家的修炼。王阳明在家附近的一处山洞里修了房子，住在洞中专心修炼，后来这个山洞就被称为“阳明洞”。

在阳明洞期间，道家的一些神奇法术他都喜欢，王阳明不仅按道家的方式打坐练气，另外还学算卦。据说这时候王阳明算卦已经相当准了。有一天在洞里起了一卦，然后就告诉他的仆人到山下路口去，一会儿有几个什么样的人会来，那是来看我的朋友，你将他们领到洞里来。仆人下去真的遇到了几个人，与王阳明描述得一模一样。在此期间，王阳明可能还修习过一些法术。史书里面记载，临县有一年大旱，县令给王阳明写信，请王阳明去帮忙求雨。王阳明这时期修炼的都是些什么，没有记载，但估计很杂，都是神秘术的东西。过了一段时间，王阳明自己反省后觉得这样做不对，对这些东西再修下去、练下去，也是术，不是道，不能让其人生进入较高境界，此后就抛弃了这些，重新回朝当官了。

王阳明34岁的时候，才真正以儒家学者的面貌出现，开始在北京提倡身心之学，立为圣人之志，并开始讲学收徒。把年轻时代那些杂七杂八的学问统统放在一边，专心致志按儒家的方式修身，弘扬儒家思想，坚定地要通过修炼达到圣人的境界。这是王阳明人生的一大转折点。

但不久，在王阳明35岁这一年，他得罪了当时掌权的大太监刘瑾。当时刘瑾专权没人敢惹，大兴冤狱，王阳明给皇帝上奏折弹劾刘瑾。刘瑾大怒几乎要杀了他，但考虑他父亲王华还在朝中当官，就打了王阳明四十板子，把他贬到贵州龙场驿担任驿丞。

贵州在当时是极其偏远艰苦的地方，驿丞是驿站的负责人。当时修的官道，每隔一定距离有一个驿站。打个不是很确切的比方，王阳明的新职务有点儿像今天的高速公路服务区负责人。而且贵州龙场在当时驿站、驿路都还没有建设好，王阳明刚到的时候连住的地方都没有。在极其艰苦的条件下，王阳明自己砍柴、自己做饭，一切自己动手不说，还得伺候他生病的仆人。为了让他的仆人心情愉快，缓解他的思乡痛苦，他还给仆人讲各种故事。在如此艰难的状况下，王阳明不仅没有崩溃，而且还非常顽强地在进行着自我修炼。

龙场当时和周边的苗、瑶等族聚居区相连，一开始这些人对这个汉官都是持排斥心理的，后来王阳明和这些人相处得非常好，乃至当他要盖一个讲堂的时候，都是这些少数民族义务出工帮他盖起来的。

除了在艰苦的条件下完成日常工作之外，其他时间王阳明都用在修行和学习上。由于路途非常遥远，当时交通也不方便，王阳明没有带几本书去，他就每天复习。他把年轻时候能背下来的古书一遍遍复习，在脑子里重新背，并且去参悟。最后在 37 岁这一年，有一天晚上他坐在驿站旁边的一个大石头上打坐，突然之间开悟了。据王阳明自己讲，他把悟到的东西和儒家典籍逐一印证，发现与儒家思想完全吻合。他觉得自己终于理解了儒家的精髓，然后从大石头上跳起来，高兴地跳着。这就是非常有名的“龙场悟道”。在 37 岁的时候，王阳明在龙场驿悟道。

我们现在需要思考的是，王阳明龙场悟道究竟悟到了什么？我认为，是后来他提倡的阳明心学三大理念中的两个：心即理和知行合一。再加上他晚年提倡的“致良知”，构成阳明心学的三大理念。第二年，王阳明 38 岁的时候，应贵阳书院之邀讲学，讲的就是“知行合一”。

心即理的概念不是王阳明首创的。南宋的陆九渊已经提出“心外无理”，王阳明在这个基础上往前发展了一步，提出来“心外无事，心外无物”。

现在有很多人误解，以为“心外无事”的意思是，这件事没有进入人的心，这件事就是不存在；“心外无物”的意思是，这个东西没有进入人的心，这个东西就是不存在的。实际上，这是对王阳明思想的误解，当然，对王阳明的批判也是建立在这个误解的基础上的，说王阳明的理论不对，因为不论是否进入人的心，事物都是客观存在的。这么说的人恐怕都没有真正理解王阳明的思想。

下面是有关王阳明的一个相当有名的故事。

> **先生游南镇，一友人指岩中花树，问曰：“天下无心外之物，如此花树在深山中自开自落，于我心亦何关?”先生回答：“你未看此花时，此花与汝心同归于寂；你来看此花时，则此花颜色一时明白起来，便知此花不在你的心外。”**

有一次王阳明和朋友们一起在南镇的山中游玩，当时有一位朋友就指着山间的一树花问他，你说心外无物，而这树花一直在深山里自开自落，它和我的心有什么关系？显然这位朋友也是对王阳明的心外无事、心外无物的思想表示质疑。王阳明的解释是，当你没有看见这树花的时候，这树花和你的心“同归于寂”。就是说，不管是这树花，还是你的心，都没有动，都在一个空虚的状态，等你来看这树花的时候，“花的颜色一时明艳起来，便知此花不在你的心外”；当你没有看到这树花之前，无论我如何形容、如何描述，你都无法准确、真实地去把握，去感受，等到你看见这树花了，不用任何人给你讲解了，它的颜色、形状你都清清楚楚明明白白了。

什么叫心外无理、心外无事、心外无物？我们举了一个王阳明的故事。通过王阳明和友人的这段对话，我们去理解心即理这个心学的理念，它指的不是说这件事情没有进入你的心，这事情就不存在，不是这个意思，而是指这件事情要是没有进入你的心，那么这件事对你是没有意义的。

宇宙间的一切都是人赋予了它存在的意义，这树花在山里，如果没有任何人去欣赏它，它也是存在的，但是它的存在是没有意义的。它存在和不存在有什么区别？一切的一切都是人赋予了它们存在的意义，所以我们才说人是万物之灵。在没有人类之前，地球不也存在吗？但那个时候，地球存在的意义是什么？价值是什么？如果没有人，一切都失去了存在的意义和价值，存在和不存在已经没有了区别。我们应该从这个角度去理解心外无物、心外无事、心外无理。不管是道理、真理、哲理，还是外在的事物，统统是因为人的存在才有意义、才有价值。

王阳明这种思想给我们人生的启发是，能进入你心的东西，才能对你的人生产生一定的意义，如果它没有进入你的心，就等于没有，因为它的存在对你没有任何意义。比如，我说你是我生命当中最重要的人，得先让你走进我的心吧，无论嘴上怎样说，其实心里都没你，那怎么能说你是我生命当中最重要的人呢？要先进入我的心，这才是关键。所以男女生谈恋爱，女孩子总喜欢问男生：你心里到底有没有我？

王阳明的这个哲学命题对我们人生的指导意义在于，我们追求和搞明白的那些理和事，应该都是对我们人生有意义的，和我们人生没关系的那些东西，就不要让它进入我们的心。我们的心里应该装着对我们的人生有意义的东西。否则，心里面装的都是些乱七八糟的东西，就没有内存再去装有用的了。所以做什么事要讲究一心一意、专心致志。对你有用的放到心里，对你没用的就扔在一边吧。

就好像少男少女谈恋爱一样，只关注那个进入你心的人就可以了，这样你才能体验到爱情的美好，才能体验到那种幸福感。如果你心里装的人太多，自己都不知道心里有多少个好妹妹，你的心就乱了，你也就开始自寻烦恼了。我举的这个例子可能比较极端，但是，我们是否能做到心里只装有用的、不装没用的？好像基本都做不到，这就是妄念。人经常有很多的妄念，想些用不着的，它占据了你的时间和你的心，最后导致没有足够的时间去想用得着的了，也没有足够的时间去做有意义的事情。

凡是天天忙得不可开交的人，80％的时间在忙些用不着的，在忙一些对人生的成功没有意义的事情。你自己想想你一天做的事情，真正对你人生有意义的有几件？忙于妄念，恰恰把该忙的忽视了，或者没有给予足够的重视，这是人生不成功的最重要的原因。

以上是我们对阳明心学第一大理念的解读和参悟。王阳明提出的心即理对我们的人生指导意义在哪儿？就是清理你心的内存，让心只装着对你的生命有意义的东西，别让那些对你没有意义的东西占满了你心的内存，那是自寻烦恼。

王阳明晚年写过一首诗：

人人自有定盘针，万化根源总在心。
却笑从前颠倒见，枝枝叶叶外头寻。

修行的关键就在于修心。按儒家讲就是“反求诸己”，你要向内求，别向外求。王阳明在诗中嘲笑说，可笑从前把这个事情看颠倒了，本末倒置了。“枝枝叶叶外头寻”，就是向外去追求一些枝枝叶叶、细枝末节，反而把根本忽视了。我们首先应该修分出根本和枝叶，要修根本。《论语》上讲“君子务本”，君子要在根本问题上下功夫，别在枝枝叶叶上下功夫。

心学第二大理念，即知行合一。王阳明强调，知就是行，行就是知，二者无法截然分开。知不知道和做没做到是一回事儿，你做到了，才能说你知道了，如果没有做到，你就不是真正知道。

我想问一下大家，你们知不知道怎么开车？大家可能都会说知道。显然知道的前提条件是你能把车开走。如果你仅仅学过机动车驾驶理论，就是能把汽车操作手册从头到尾一字不差地背下来，但是从来没有摸过车，这时候我问你知不知道怎么开车？你敢说知道吗？所以知必须行，能做到，才是真正知道。

我们现在评价说，某某人知道孝顺父母，难道他仅能从理论上把孝讲明白，我们就承认他知道孝顺父母吗？他必须得行，必须在生活中做到位，真的做到了孝顺父母，我们才评价他知道孝顺。所以知就是行。

王阳明说：“尽天下之学，无有不行而可以言学者，则学之始，固已即是行矣。”用王阳明的话说，天下的学问没有不行而可以称之为学的，学习的开始就已经是行动了。你说你开始学，就意味着你开始付诸实践了，开始行动了。如果不开始行动，你的学习就等于还没有开始。学习儒家的孝、悌、忠、信、礼、义、廉、耻，必然是开始照着做了，这才叫学。如果不打算照着做，只是想从字面上来了解了解，在王阳明看来，都不是学，都不是知。

王阳明也曾讲过：

> **今人却就将知行分作两件去做，以为必先知了然后能行，我如今且去讲习讨论做知的工夫，待知得真了，方去做行的工夫，故遂终身不行，亦遂终身不知。此不是小病痛，其来已非一日矣。某今说个知行合一，正是对病的药。**

王阳明对当时的情况进行了批判，说因为把知和行当成两件事，以为一定得先学，然后再行。所以分成两步走，第一步先去学，等我都搞明白了，然后再去行，再把它落实到实践上。这是时人的一大误区，也是我们当下的一大误区。最后的结果就是王阳明说的："故遂终身不行，亦遂终身不知。"将知行分开之后，天天就忙着学，说等学会了再去行，最后的结果是一辈子也没行。因为没有行，也就等于一辈子白学，没有真正"知"。"绝知此事要躬行"嘛！必须亲身去做，才能真正理解。王阳明针对时人的误区提出了知行合一，这就是对症的药，我觉得这也是对我们当下病症的药。

接下来是王阳明人生的第三个时期，我称之为仕途顺利时期。龙场悟道之后，王阳明的人生发生了巨大转折，仕途变得非常顺利。

王阳明在 38 岁时开讲知行合一，39 岁升任庐陵县知县。历史背景是大太监刘瑾倒台了，当年被刘瑾发配的那些人全都被提拔起来了。王阳明在 39 岁这一年由贵州龙场驿驿丞升任七品知县。可能有的朋友会想，这个品级也不算高啊，那么提拔之前王阳明是几品？明代官员品级分九品，最小是九品。王阳明在这之前担任的驿丞没品，在明朝的官制里叫不入流。什么叫不入流？指不在九品之内，就是没有品级。从没品级直接提拔到正七品，你想想越了多少级？从九品、正九品、从八品、正八品、从七品、正七品，等于连升六级。虽然被破格提拔，但还没有恢复到他被刘瑾发配之前的品级，他当年在北京已经是六品了。可能朝中大臣们也觉得有点对不起他，所以在这一年的年底，又给他升了一次官，任南京刑部主事，这就是六品官。他当县太爷前后才几个月，就被调任南京刑部主事。

我们需要介绍一下明代的特殊体制，明朝早期首都是今天的南京，后来永乐皇帝迁都北京，南京改为陪都。明朝中央政府有两套班子，北京一套，南京一套，南京和首都有一样的中央政府组织架构，北京有什么衙门，南京就有什么衙门。但是北京的那套衙门管理全国，而南京相对应的衙门只管南京附近。虽然权限小，不过级别和北京是一样的。王阳明任的是南京刑部主事。

第二年，王阳明 40 岁的时候调任吏部主事，平级调动，还是正六品官。这一年出了一个让我们目瞪口呆的事情，吏部郎中方献夫正式拜王阳明为师。王阳明是吏部主事，正六品官，方献夫是吏部郎中，正五品官，比王阳明高两级，而且是王阳明的顶头上司。这种情况在今天我们敢想象吗？在这件事情上，我非常佩服古人的心胸，从中我们能看出两个问题：第一，王阳明的学问、修行真到了一定的境界，甚至比他级别高的人都愿意拜他为师；第二，方献夫的心胸非同一般，为了追求学问，为了修行，能够放下身段，谦逊地拜自己的属下为师。我不仅敬佩王阳明，而且更加敬佩方献夫。

王阳明的级别很快也就升上去了。在他 40 岁这一年的 10

月，王阳明升任员外郎，五品官，和方献夫平级了。在 41 岁的时候升郎中，当年 12 月又升南京太仆寺少卿，这是四品官。在 43 岁时升南京鸿胪寺卿，四品官，在 45 岁这一年升都察院左佥都御史，还是四品官。

从 39 岁到 45 岁的六年期间，王阳明从正七品官升到了正四品官。做个不太恰当的比方，就好比今天你用六年的时间，从处长升到司长甚至是副部长。这样你就可以想象出王阳明的官升得有多快。这是王阳明仕途顺利的时期。

在 45 岁这一年，王阳明受命巡抚南赣汀漳等处。南是指南安，在今天福建；赣是赣州，在今天江西；汀是汀州，漳是漳州。当时的江西到福建一带，地方不安定，强盗盛行，有的地方叛乱。明朝出动了几次部队都没能镇压下去，朝中的兵部尚书王琼建议，由王阳明领衔巡抚南赣汀漳等处，去平定当地的叛乱和强盗。由此也就进入了他人生的最后一个阶段，也是第四个时期，统兵平叛时期，也可以说是他的晚年。王阳明晚年一共三次带兵打仗，这是第一次。

第一次统兵作战，在他 46 到 47 岁这两年期间。具体的作战过程我们就不细说了，总之是达到了预期效果，把这个地方的强盗都肃清了，展现了他的军事才华。在战争的过程中，王阳明也没有放弃讲学，没有放弃修炼。在前线指挥作战的时候，还通过书信督促弟子们修行。这期间他和弟子的信件里有两句话，成为后来的名言，“破山中贼易，破心中贼难”。王阳明总结说：现在我统兵打仗，把山里的强盗扫平了，我觉得挺容易的，但是我们修行上要想把自己内心中那些贼扫平，我觉得是更难的事情。王阳明这两句话是勉励弟子要加强修心。

在 48 岁的时候，王阳明第二次统兵作战，这次是迫不得已。明朝的一个王爷，宁王朱宸濠，突然叛乱。王阳明仓促组织部队平叛，再次展现了过人的军事才华，从仓促应付到最后彻底平定宁王之乱，只用了 35 天。

这里我想说一个小事，体现修不动心的重要性。宁王发动叛乱之后，王阳明被迫逃离，宁王派人在后边追杀。王阳明乘的船比较大，风向不顺，眼看着敌兵就要追上来了，他的弟子与他商量，设计让大船继续往前开，而王阳明带几个人换小船从别的路走，王阳明同意了。然后他的几个弟子就开始收拾行囊，预备上小船，就要出发的时候，王阳明提醒弟子们，伞没带。这个伞不是我们下雨打的伞哦，是古代官员一种身份的象征，就是在其身后张的伞盖，不同级别的官员用不同的伞盖，也是身份的证明。后来的事情发展证明王阳明这一提醒太重要了。当他们赶到县城的时候，半夜叫城门，看守城门的官兵不敢开。因为县里也得到了发生叛乱的消息，守城的将军担心是叛军想赚开城门，他问："有什么东西可以证明你真的是王大人呢？"这时候王阳明说，把我的伞盖升起来，城墙上的守将看到后才打开城门，迎接王阳明进城。从这件小事上我们能看出王阳明心的沉稳，临危不乱。在追兵马上就杀到的情况下，他还能想着他的伞盖，因为这个东西是证明身份的，肯定用得上。

平定宸濠之乱后，王阳明在 50 岁的时候，提出了阳明心学三大理念的第三个：致良知。

什么叫致良知？简单来说，人先天具有的美好素质叫良知。因为人后天受到社会的污染和个人利欲熏心的蒙蔽，导致先天的美好素质逐渐被蒙蔽了，所以才成为一个凡人。人要想成为圣贤，不需要枝枝叶叶外边求，而是向内求，修心，去掉后天对良知的蒙蔽，重新唤醒先天的良知，使先天的美好素质重新浮现出来，就能达到圣人的境界了。

致良知可以说是王阳明晚年的思想。他还有一首诗表述致良知。

个个人心有仲尼，自将闻见苦遮迷。
而今指与真头面，只是良知更莫疑。

“个个人心有仲尼”，仲尼就是孔子，每个人心里装着的东西和孔子心里的东西是没有差别的，每个人的先天素质与孔子是一样的。为什么我们和孔子的差距这么大呢？是因为“自将闻见苦遮迷”，是你的所见所闻，社会上的这些事逐渐地污染、遮蔽了你内心的良知，使你迷失了自我，丧失了和孔子一样的先天美好素质，也就达不到孔子的境界了。“而今指与真头面”，王阳明说，我现在指给你、告诉你，你真正的本来面目是什么。“只是良知更莫疑”，那就是你先天带来的良知，对这一点你不要有怀疑。

每个人心里都有良知，这是我们和圣人的共同点。我们和圣人的差距就在于，圣人保存了他的良知，或者说唤醒了他的良知，用良知指导人生，所以能达到那么高的境界。而我们作为普通人，良知被后天的很多东西蒙蔽了，不能用它指导人生了，甚至我们都想不起来自己还有良知了，然后我们的人生才陷入了迷惑、困惑，人生才过得稀里糊涂，不能有圣人那样的成就了。因此，如果按照阳明心学来修炼的话，我们要达到的目的就是致良知，就是把我们身上先天具有的美好素质重新发挥出来。用一句文学的语言形容，“点亮你的心灯，用它照亮你人生的旅程”。这就是心学修炼的终极目的。

王阳明 51 岁的时候，被封为新建伯，伯爵，官为左都御史，二品官。但是他对功名利禄不是很在意，借着父亲去世，以守丧为名，回老家办学。他想要讲学，想要弘扬阳明心学。

但时间不长，朝廷又把他调回来了。因为广西思恩、田州一带发生了大规模叛乱，朝廷几次派人平叛都没有成功，因此调王阳明平思恩、田州之叛，这是他第三次统兵作战。

和前两次相比，这次仗胜得更加轻松。王阳明三次作战，一次比一次成熟。第一次毕竟还打了一年多，第二次只进行了35天。第三次，叛乱的首领们听说王阳明来了，就主动投降了，6万叛军在首领的率领下全部投降。王阳明的处理方案是，把两个为首的，一人打一百大板，这事儿就算结束了，其他人全部解散回家种地去。他没有处分这些人，表现了他的宽大。

王阳明第三次统兵打仗，达到了儒家追求的最高境界——仁者无敌。儒家在军事上追求的最高境界是兵不血刃地取得胜利，王阳明做到了。

王阳明第三次统兵本来就是带病出征，他应该得的是肺病。广西湿热的天气，行军又多在山区，都在加重他的病情，到战事结束的时候，王阳明已经病得很重了。他把战场的事情略做安排，给皇帝上奏折，推荐人来接自己的任，没有等皇帝诏书下来，就从广州启程往自己老家赶，由此看来，他已经感觉到自己时日不多了。正常来讲，向皇帝上奏折请示休假，需要皇帝批复同意后才能离开工作岗位，王阳明没有等皇帝批复就走了，因此朝中还有大臣向皇帝弹劾王阳明擅离职守，要处分他。后来因为王阳明去世了，证明他当时真的病重，这件事才没有人再提了。

但是，王阳明最终也没能赶回老家，走到江西就去世了。船行到江西南安府的青龙铺的时候，有一个在当地做官的弟子来迎接王阳明，到船上一看，发现王阳明已经快不行了。弟子马上回城里找大夫来把脉开药，王阳明拒绝了，因为他知道已经没有用了。第二天这位弟子再来看他的时候，王阳明已经病危。弟子拿出纸笔，问师父可有什么遗言要交代的，您给我们写下来。弥留之际，王阳明只说了八个字，“此心光明，亦复何言”。这句话在历史上非常有名，意思是，我修行了一辈子，这颗心是光明的，没有什么需要交代和说明的了。心是光明的，说明他已经通过修身恢复了自己的先天美好本性，明明德、致良知了。说完这八个字，王阳明死在他弟子的怀里。

以上我们简单地讲到阳明心学的开创者王守仁的一生，接下来讲阳明心学的修行方法。

有学者这样评价王阳明：“500 年来能把学问在事业上表现出来的，只有两个人，一个是明朝的王阳明，一个是清朝的曾国藩。”能将学问在事业上表现出来，就是知行合一、学以致用，不是为学问而学问，而是以他的学问造就了他的事业。我们今天学阳明心学，我认为重点也应该从这个角度切入。我们并不是要做一个研究阳明心学的专家，而是要用阳明心学来指导我们的人生，使我们在事业上走向成功，这才符合王阳明说的知行合一，没有行的那种学是没有意义的。正是因为王阳明特别强调知行合一，特别强调学问在生活中、实践中的运用，所以学界对阳明心学才有另一个评价，就是我们今天讲座的副标题——实践的哲学。日本人也称之为行动的哲学，能够在实践当中落实的哲学。

怎样将阳明心学落实在实践中呢？或者说得更直白一些，怎样按阳明心学修身呢？我今天想和大家分享两点，每一点两个字，一个是修心，一个是做事。

我们刚才提到，早年王阳明就对朱熹的修炼方法有质疑。朱熹讲的修炼，先是一件事一件事弄明白，最后终有一天融会贯通、豁然开朗。王阳明通过格竹子的切身经历，感到朱熹这种修炼方法似乎存在问题，所以他提出，“格物之功，只在身心上做”。换句话说，不要枝枝叶叶外边求，要向内求，关键是修心，这才是儒家提倡的格物。阳明心学的修炼功夫，不是针对外在的事，而是针对自己的心。修心必须要在事上磨炼，我甚至觉得，现在学界归纳阳明心学三大理念有所缺欠，阳明心学的核心应该加上这句“事上磨炼”，说是四大理念似乎更合适一些。因此，分开来说是两点，修心、做事，其实是一回事，修心是为了做事，做事也是为了修心。

儒家是入世的学问，修心追求的不是出世，不是跳出三界外、不在五行中，而是要在这滚滚红尘中修炼，在世俗界追求成功，以便造福天下苍生。所以儒家修心最终的目的是实现事功，是为了做事，通过修行提升自己的能力素质，以便把事情办清白，实现齐家、治国、平天下。而修心，也必须通过事上磨炼来达到修心的目的。如果不靠事情来磨，修心会走向虚无不实，即使觉得自己进步了，恐怕也是错觉，所以做事也就是修心。甚至我们可以理解，通过做事而取得的事业上的成就，不过是修心的副产品。

梁日孚曰：“先儒谓‘一草一木亦皆有理。不可不察’。如何?”先生曰：“夫我则不暇。公且先去理会自己性情，须能尽人之性，然后能尽物之性。”

王阳明的一个弟子梁日孚曾问王阳明，从前儒家讲“一草一木都有它的道理，不能够不去考察”。这是朱熹的话，梁日孚问王阳明，这句话说得对不对。王阳明说得很清楚：“夫我则不暇。公且先去理会自己性情，须能尽人之性，然后能尽物之性。”意思是，他没那闲工夫去考察一草一木的道理。王阳明告诉弟子，先把自己的性情搞明白，就能把别人搞明白，然后就能将事情搞明白。这是王阳明指出的修行的宏观思路。

王阳明这句话中其实包含着修心的三个次第：第一，理会自己性情；第二，尽人之性；第三，尽物之性。用现代的话来说，更通俗直白地说，修行的第一步，先把自己弄明白；第二步，你才能把别人看明白；第三步，你才能把事情看明白。能把事情看明白，你才能把事情做明白，能办明白事儿，人生才能事业有成。

事实上，凡是追求事业有功的人都追求把事情办明白，但是怎样才能把事情办明白呢？这里就是阳明心学与程朱理学的一个分水岭了。按照朱熹的方法，就事论事，这件事办不明白，你就在这件事上下功夫，最后终究会豁然开朗，一通百通。所以王阳明提倡的修行，第一步是先修自己，“理会自己性情”，先把自己想明白，然后才能将和你交往的人想明白，就是“尽人之性”，了解自己、理解他人，那么，应该如何与人交往，怎样处事人际关系才更妥当，不用别人教你，你自己也就都想明白了，这也就是“尽物之性”。而王阳明认为，你得先把自己弄明白。你自己还糊涂着呢，怎么可能办明白事儿！说得再简单些，王阳明提倡的修心三步骤是：了解自己、理解他人、明白事务。

王阳明的说法是本着儒家四书之一的《中庸》来的。《中庸》上讲：“唯天下之至诚，为能尽其性；能尽其性，则能尽人之性；能尽人之性，则能尽物之性。”

修行的入手处，第一步，先理会自己的性情。《中庸》上讲“天命之谓性”，指人身上那些先天具有的素质才是性。所以，理会自己的性情，首先要弄明白人先天具有哪些素质，这是了解自我的一部分。在我看来，这还不是修行当中最重要的，最重的是“理会自己性情”的“情”字。“情”指人的情绪和情感，你要对自己的情绪和情感有清晰的了解。

比如，我现在在讲台上讲课，你坐在下面是一种什么情绪和情感，你自己清楚吗？这需要用心去反思，为什么我们讲的叫心学，要用心去反思，如果不反思，你就不很清楚。在课堂上听我讲的这些，你心想这是什么乱七八糟的，这个时候你的情绪已经开始失衡了，没有意识到自己有一个怒在心里面逐渐地酝酿着。一会儿回家妻子问你晚上吃什么，你嫌她啰唆，这怒气就爆发了。你都不知道自己的这个怒、这个情是从哪儿来的，和妻子吵了一架，自己也反思，不应该和她发那么大的火啊，当时怎么就没忍住呢？其实是你没有注意到自己的情绪和情感的变化。如果你不能够观照自己的情，办事就容易出现问题，说错话、办错事都是经常的，事后自己也后悔，往往是因为没有关注自己情绪的波动。

而情的波动离不开另一个字，儒家叫“欲”，就是你追求的，你想得到的，你的欲望。情从哪儿来？情从欲来。如果无欲就能无情，就能把心修成槁木死灰，人不能无欲，自然就不能无情。

情绪因欲望而产生。你为什么生气呢？因为你的欲没有得到满足。你为什么高兴呢？因为你的欲得到了满足。你为什么对我的课评价比较好呢？因为我讲的内容符合了你的欲。情从欲来。每一个欲的发动都是一个念，就是佛家讲的起心动念，每动一个念就会产生一种欲，而这个欲满足到什么程度，又直接影响到了你的情。实际上，人生每一天都在念的发动、欲的发动之中，因此人的情绪才会随时出现变化。

修行的第一步“理会自己性情”，这个“性情”，从应用的角度看，主要包含情、欲、念三个方面。情是情绪，情感；欲是欲望，就是你要达到的目的、效果；念是起心动念，也可以说是发心。修心首先要对情、欲、念三个方面有一个清晰的观照，随时随地能说清楚自己的情、欲、念。

以现场为例，今天是礼拜天，你不去别的地方玩，却跑来听我讲课，是本着什么起心动念来的？你本着什么样的起心动念来，就决定了你有一种什么样的欲。若是对阳明心学感兴趣来的，那么你的欲就是追求能知道阳明心学的一些基本的东西，你的情也是从这个上面出发。如果听我讲完之后对阳明心学有一个基本了解，那就满足了你的欲，你就会觉得很愉快，觉得很有收获。如果欲没得到满足呢？听完了还不知道什么叫阳明心学，下课之后你的情就会是另一个状态了，觉得这半天时间浪费了，有失落感、有挫折感。

明白自己的情、欲、念，才能把事情办明白。我刚才举的例子是比较简单的，大家可能都比较清楚，但我想问一下大家，在处理自己人生每件大事的时候，你都能知道自己的情、欲、念是什么吗？

要想把事情办明白，就要有清晰的情、欲、念。但这不是你想有就能有的，需要练习，经过练习之后，你对自己的情、欲、念才会逐渐清晰起来，然后才能随时知道自己的情、欲、念，你的人生才能走向成功。

按阳明心学来修行，大概共分五步。

第一步叫“求放心”。这是孟子提出来的一个概念。孟子说的“放心”和我们今天说的“放心”内涵是不一样的。求放心，是把你放出去的心收回来。

我们现在教育孩子时都会说：“年也过了，节也过了，快收收心吧！马上就要开学啦，该好好学习啦！”我们都会这么说孩子，但是我们什么时候想过自己也需要收收心呢？你昨晚打了一晚上的麻将，今天上午去和客户谈生意的时候，脑子里想的还是昨晚的麻将，还想着自摸二条那把牌，那生意还能谈明白吗？需要把心收回来！

怎么才能把心收回来呢？从实践操作的角度来讲，最简单的方法是“静坐思心”。每天给自己留 20 分钟时间，把心收回来，好好反思一下自己的事情。俗话说得好，不要只知道低头拉车，还要知道抬头看路。静坐思心，自我反思，实际上就是抬头看路，看明白自己前进的方向。

最开始静坐阶段，在心没收回来之前，心是不静的。王阳明对他的弟子讲过“初学时心猿意马，拴缚不定”，刚开始照着心学修行的时候，会发现自己的心就是心猿意马，控制不住。本来是要静坐反思一下白天的行为，结果脑子里想的全是用不着的。比如说，上午去和客户谈判，当时是本着什么情、欲、念去见客户的？怎么谈的？是不是达到了自己想要的效果？晚上在家静坐反思白天做的这件事，结果想着想着就跑偏了。想到客户戴那么丑的领带，他怎么不知道恶心呢？和他的整体形象太不搭啦！不过，就他那形象应该怎么搭配合适呢？到最后都不知道想哪儿去了。这是初学者容易出现的一个偏差。

在这种状态下怎么办？王阳明告诉我们应该“静坐息思虑”，让自己的念少下来。佛家讲：一念未灭，一念又起，念念不断。念与念既然是不断的，那我们怎么能让念少下来呢？实际上，念不管怎样连接，两个念的中间绝对不是无缝连接的，会有那么一点点的缝隙。“息思虑”的第一步是追求两个念中间的缝隙，那个没有念的空白点，念与念之间的那零点一秒的断层，学会发现大脑当中的空白期。一开始可能也就零点一秒，你抓住那个空白点之后，想办法将这空白的时间拉长，从零点一秒到一秒，再到两秒、五秒，看看能不能保证五秒钟之内脑子里面什么想法都没有，先练这个，然后你的心就会逐渐静下来，在此基础上再去进行反思，去理会自己的性情。

我们要注意的是，练习静心的目的是静心之后的思考。如果只知道静心，一味地追求什么念都没有，也是不对的，那就不是儒家的修行了。王阳明讲："只悬空静守，如槁木死灰，亦无用。"意思是，如果你只知道悬空静守，把心修得如槁木死灰一样，对你的人生是没有意义的。

修心的第一步是"求放心，收心，关键是静心"。守着三个字，静、敬、净。

首先做到心的宁静，在心静的状态下，追求生出恭敬心。第二个字"敬"可以从两个方面去理解，指对人的恭敬心、对事情的敬畏心。如果带着傲慢心去反思，没有恭敬心，你找不到问题的根源，责任都记到别人身上了。第三个字"净"，讲的是洁净，要清洗你的心，让你的心干净，心里不要有肮脏龌龊的想法。收心之后，守着三个字：静、敬、净。总体来讲，纯洁自己的心，在一个善的、好的状态下开始反思自己的事情。

如果一开始心静不下来，还可以采用一些静心的辅助办法，如练毛笔字、学国画、抄经、读书。当然这些统统不是目的，都是静心的辅助手段，目的是通过做这些事情让自己的心静下来。王阳明也好，曾国藩也好，都是有名的书法家，但是他们练字可都不是为了成为书法家，都是通过写毛笔字让自己的心静下来。

《格言联璧》上有一句话："收吾本心在腔子里，是圣贤第一等学问。"把已经跑得没影子的那个心收回来，放在腔子里，能做到这一点，就是往圣先贤第一等的学问了。在儒家看来，这就是最大的学问。

修心的第二步"省察克治"。

把心收回来之后，要做到四个字：省察克治。王阳明讲：“初学时心猿意马，拴缚不定，其所思虑多是人欲一边，故且教之静坐、息思虑。久之，俟其心意稍定，只悬空静守，如槁木死灰，亦无用，须教他省察克治。”省是反省，就是反思，对自己做事情的情、欲、念进行反思；察是体察，也就是感悟、参悟，参悟所反思的事情，去思考正确的方法是什么；克是克制，就是克制自己，人必须有所不为，才能有所作为，每个人都必须先学会克制自己，知道什么事情是自己能不做的，然后你才能有所作为；治是治理，调理、管理，要学会管理自己的心。省察克治，就是学会反思，学会参悟，学会自我克制，学会管理自己的心。

省察克治从哪里做起呢？从你的情，情欲念的那个情。首先学会反思自己的情，对自己的情绪变化能看得很清晰，这是“省”；然后去参悟自己的情，去思考自己为什么会有这样的情绪变化，这是“察”；找到情绪变化的根源之后，要学会克制自己的情，不能让它随便爆发，这是“克”；最后还要学会管理自己的情，这是“治”。

《中庸》上讲：“喜怒哀乐之未发谓之中，发而皆中节谓之和。”儒家提倡中、和两个概念，喜怒哀乐存在于内心当中，不随便发出去，这叫中。以前有朋友问我：“老师你让我们喜怒哀乐未发，什么事我都得忍着，我心里有气还不能发出来，按儒家这套修行方法来修行，这日子过得不是很憋屈吗？”不是！这么理解是不对的！儒家的修行不是提倡人完全不发脾气，而是“发而皆中节”，是追求喜怒哀乐的表达都适度、适当，这叫“中节”，这才是“和”。也就是对情绪进行管理，使情绪的表达都适当、适度，别过分。不该生气时生气固然是不适当的，该生气的时候不生气也是不适当的，该高兴的时候高兴，该发火的时候发火，这才是儒家提倡的情绪的管理。但还有一句话，不能表达得过分。这件事你是应该发火，确实应该表现出你的愤怒来，可也别表现得过分了。追求省察克治自己的情，最后要达到对自己的情绪进行管理，不该发时不发，该发时发，而且发得绝对到位，不过分。

我们还应该知道一点，在儒家看来，情绪的表达不是为了发泄，而是要通过情绪的适度表达来解决问题。妻子事情处理得不妥，你适当地表达一下，她下回就知道事情不能这样处理，否则老公会发火。这个问题就解决了，两口子以后越来越和谐。但是如果发过分了呢，就达不到预期效果了。可能你发火 5 分钟的时候，妻子是感到自责的，觉得这件事自己办得确实不对，等你发到 10 分钟的时候，妻子的心态可能就发生细微的变化了，心想："差不多了吧！怎么磨叽起来没完了。"等你发到 15 分钟的时候，妻子可能就忍不住了，开始说话了："不就是这点儿事嘛，你有完没完。"等你发到 20 分钟的时候，妻子可能彻底爆发了："我就喜欢这么办！你管不着。"问题没有得到解决，反而导致矛盾升级。所以要"发而皆中节"，讲究适度。

理会自己的性情，省察克治，首先要学会观察自己的情绪波动，通过反思了解自己的情绪，然后去参悟情绪的根源是什么。如果你不能找到自己情绪的来源，那么后面的克制就做不到了，对情绪进行管理更是无从谈起。

念和欲都比情要复杂，因为起心动念的时候常常诸念混杂，搅缠在一起，情不涉念，而念常动情。人的情有时候和念没什么关系，但是一旦动念，必然动情。因此反思的时候，思情容易思念难。情往往是单一的，念往往是各种纠缠在一起的。你现在高兴，那就是高兴，你生气，那就是生气，情是单一的，你不可能愤怒同时又高兴着，所以情往往容易分清楚，但念不是，念往往是混杂的。

就像我刚才问大家的问题，你今天为什么来听课？往往不是单一的念，可能有几个起心动念合在一起才导致你来到了这个课堂上。因此，学会情绪管理之后，下一步要对自己的念和欲想明白，这难度就提高了，因为念和欲像麻绳一样，是好几股拧在一起的，你得一股一股把它分清楚。比如，今天来上课第一个念是想了解阳明心学，第二个念是好朋友相约，要给个面子，第三个念是有好奇心，想知道主讲人杨军到底是什么样一个人。我这是举个例子，你最终来到这里，可能是这几种念合在一起的结果。能把自己的各个念都想明白，这个难度就比思情高了，这是下一个境界。

修心的第三步是“尽人之性”。

收心之后，是王阳明说的“理会自己性情”，静下心来，在静中去反思自己的情、欲、念。要明白阳明心学的重要理念“心即理”，反思对你的人生有影响的事情。对你的人生没有意义的东西，不要让它进入你的心。今天我出门的时候，保洁员瞪了我一眼，他什么意思呢？他为什么瞪我一眼呢？他是什么情、欲、念呢？你去琢磨这个有什么用呢？要想有用的，要想那种对自己的人生、事业有影响的事情，通过情、欲、念去反思这件事自己处理得到不到位。如果发现没处理到位，那正确的处理方法应该是什么？这种反思才能让你把事情办得越来越明白。

接下来是“尽人之性”，就是反思自己之后，将心比心，推己及人，推测他人的情、欲、念。说今天这次谈判对我的公司来说非常重要，慎重起见，应该提前想一想谈判对方是怎么看这次谈判的？对手的情欲念是什么？他为什么要来和我谈，起心动念是什么？他追求谈成什么结果，就是他的欲是什么？这叫尽人之性。

能把自己想明白，然后将心比心，就能把别人想明白。把自己想明白了，把对方也想明白了，你和对方相处应该采用什么方法，你还会不知道吗？所以我的口号是：格物格明白，方法自然来。

修心的第四步是“尽物之性”，就是在理解自己、理解他人的基础上把事情办明白。

王阳明曾以孝为例谈这个问题：“此心若无人欲，纯是天理，是个诚于孝亲的心，冬时自然思量父母的寒，便自要求个温的道理。夏时自然思量父母的热，便自要求个凊的道理。这都是那诚孝的心发出来的条件。却是须有这诚孝的心，然后有这条件发出来。”应该怎样对父母尽孝？怎么做才算做到位了呢？这事儿很简单啊！你只要能把自己的需求想明白，就应该知道父母也有同样的需求，你去满足他，这就是做到了尽孝。冬天的时候你知道冷了，添新棉衣，就应该想到父母也有同样的需求，也给父母添置新棉衣；夏天热了，你家里安空调，就应该想到父母也有同样的需求，也给父母家里安空调。这就是孝。

实际上，人生的所有事情都是如此，就是将心比心，用今天的话来说，就是换位思考。比如，今天你去和客户谈判，不知道他的情、欲、念是什么，你就可以想一下，如果你是客户，现在会是一种什么样的情、欲、念。换位思考，将心比心，就能把别人的情、欲、念也想明白。能想明白自己的情、欲、念，再能想明白别人的情、欲、念，事情自然就能办明白了，这就是“尽物之性”！

王阳明曾经说过：

除了人情、事变，则无事矣。喜怒哀乐非人情乎？自视、听、言、动，以至富贵、贫贱、患难、死生，皆事变也。事变亦只在人情里。

王阳明概括人生所有的事情就是两个方面，要么是“人情”，要么是“事变”，就是一个情字、一个事字。除此之外，人生就没有别的事了。“事变亦只在人情里”，事情是包含在人情里边的。试想，人生的哪一件事情里边不包括人的情？小的方面，视、听、言、动，就是人的所见、所闻、所说、所做，大的方面，包括人生的富贵、贫贱、患难、死生，这些都是人生的事情吧？哪一个方面离得了人的情，哪一个方面没有人的情贯穿其中？人生的富贵、贫贱、患难、死生，这些大事的实际根源还是在人情。因此，阳明心学的修炼要从“理会自己性情”入手，先把自己的情、欲、念搞明白，那么涉及“人情”的这一部分，你就都能处理明白了。再能把别人的情、欲、念搞明白，与他人能和谐相处，那么人生当中涉及“事变”的这一部分，你也就都能处理明白了。除此之外，人生没有其他的事情了，那你的人生自然就是顺畅的、成功的！

人生的一切，小的方面的视听言动，大的方面的富贵贫贱、患难死生，都不过是事情而已，而这些事情实际上都涵盖在人情里。因此，阳明心学的修行，要从修自己的情入手，这是从根源上解决问题。如果能把这一个情字参悟明白，那么人情、事情你就都能看明白、做明白了，人生的富贵贫贱、患难死生，也就皆能参透，人生就没有什么困惑你的事情了。人生对你来说就是一盆清水，一眼看到底，你这才是真正的活明白了，才可能事业有成，才可能活得洒脱。

修心的第五步是“去病根”。

前面四步都是在日常生活当中的运用，在此基础上，阳明心学还有更高的追求，按王阳明的话讲，就是“去病根”。

在进行自我反思的时候就会发现，你身上的缺点、毛病往往有一个根源，这就是王阳明说的“病根”。要找到自己身上的病根，把它去掉，你的人生才能真正提升一个境界。否则，你对自己的修正只是表面的，身上的毛病会改了又犯，犯了又改，就像除草不去根，过两天它又长出来了。

你的性格当中，哪一点是最不好的，你的病根就在那里。你把这一点改掉，其他的问题就迎刃而解了。比方说，我发现，我的毛病就是不管在哪个单位工作都和单位同事处不好关系，这是一个表层的现象。接下来要问自己原因是什么。儒家讲究“反求诸己”，不要说人家有什么问题，要在自己身上找原因，想想自己和这些人关系为什么处不好？从彼此交往中的具体事上去反思。比如，有一次和张三吵了一架，那就去反思，你当时是一种什么样的情、欲、念，结果和张三吵了一架，把关系闹僵了，这才是“理会自己性情”。假设，你反思到了问题的根源，就是张三那天说的话你不爱听，他那种说话方式你非常讨厌，最后就没忍住，爆发了。接下来就要去反思，你为什么讨厌他那种说话的方式。难道别人有义务按照你喜欢的方式说话吗？不应该吧！那么这就是你自己的问题了。但这个还不是你的病根。要接着反思为什么你对别人的说话方式还有一种追求呢？别人说话的方式为什么还容易导致你情绪波动呢？是你太以自我为中心啦！你觉得，你的说话方式才是最正确的，凡是不符合你的这种说话方式的就都是错误的。因为张三的说话方式和你不一样，所以你就认为他说话的方式不对，就认为他不可以那么说话，对吧？病根在于，你以自我为中心，把自己当成真理的标准了。反思到这里，才真正地找到了自己的病根。

《论语》中讲："子绝四：毋意、毋必、毋固、毋我。"孔子绝对不会有这四个方面的毛病。其中的"我"，就是以自我为中心，这是孔子要坚决杜绝的毛病。如果凡事以自我为中心，总是站在自己的角度去评判是非对错，肯定和谁相处都不会和谐。下功夫改掉以自我为中心的毛病，才是"去病根"。一旦改掉了以自我为中心的毛病，你身上的很多问题就都迎刃而解了。病根能滋生出来很多的枝杈，能派生出很多的缺点和错误，所以，改掉一个病根，你身上的很多缺点都能改正，你的很多问题就都迎刃而解啦！

王阳明讲：

> 将好色、好货、好名等私，逐一追究搜寻出来，定要拔去病根，永不复起，方始为快。常如猫之捕鼠，一眼看着，一耳听着，才有一念萌动，即与克去。斩钉截铁，不可姑容与他方便，不可窝藏，不可放他出路。方是真实用功。

要将好色、好货、好名这些病根，一个一个找出来，彻底把它去掉，让它永不再起，这是修行追求的一个更高的境界。怎么去掉呢？王阳明打了个比方，就像猫捉老鼠那样，眼睛看着，耳朵听着，老鼠一动，马上就扑过去，时时刻刻盯着自己的病根，一冒头儿就扑过去，把它按住，这样人生的问题才能从根本上得到解决。当然，这是阳明心学修行上一个比较高的境界了。

按照阳明心学来修心，还要回避三点，我总结为"三不可"。

第一不可避世。自己躲到山里面去，躲在一个远离人烟的地方，处于一个自绝于人类的状态，那是不行的。《传习录》中记载：

> **刘君亮要在山中静坐。先生曰：“汝若以厌外物之心去求之静，是反养成一个骄惰之气了；汝若不厌外物，复于静处涵养，却好。”**

王阳明的一个弟子叫刘君亮，想要到山中去修静坐，王阳明告诉他：如果你抱着一个讨厌外在事物的心去求静，最终反而是养成了一个骄傲的毛病，这是很重要的。想一想，为什么在这里你不能反思，不能静坐，非要找一个山清水秀、杳无人烟的地方才能静坐反思？这是一种什么心态？这不就是养成傲慢心了嘛！傲慢心就是一大病根，能滋生出很多毛病。所以王阳明讲，不要到山中，不要抱着一种对外在事物讨厌的心去追求静坐，那反而会养成傲慢心。

第二不可一味求静。王阳明讲：“若只好静，遇事便乱，终无长进。”你只是在追求静，晚上打坐的时候也确实能静，心如止水，第二天办事的时候照旧懵，什么事都想不明白，这就是“遇事便乱”。如果这样，修来修去是没有进步的。不能专门追求静，那应该追求什么呢？省察克治，追求这四个字。静心是一个前提，只有在静心的状态下，才能做到省察克治；静心不是目的，省察克治才是目的。王阳明还说：“愈求宁静，是以愈不宁静。”你如果有心去追求这个静，反而还更加静不下来了，这是打坐要避免的第二个偏差。

第三不可追求无念。《传习录》中记载着王阳明与弟子间的一番对话：

> **先生曰：“念如何可息？只是要正。”曰：“当自有无念时否？”先生曰：“实无无念时。”**

王阳明的弟子问他，能不能做到彻底没有念？王阳明的回答显然是否定的：“只是要正”。儒家的修炼也不是要让念彻底消失，而只是要将念端正，这是关键。弟子问他有没有无念时，王阳明说“实无无念时”，确实没有无念的时候。

这是静坐需要回避的三个偏差：不可避世、不可一味求静、不可追求无念。

最后我们介绍一下心学的第四大理念：事上磨炼。也就是我们上面讲的心学修行的第二个方面：做事。

以上我们讲的更多的是修心的层面，但修心的目的是把人生的事办明白，修心要追求事上磨炼。所以王阳明讲：“人须在事上磨炼做功夫，乃有益。若只好静，遇事便乱，终无长进。”修行的核心或者说修行的载体是人生的事。反思和省察克治，都需要在具体事上体现出来。你反思的是对你人生有意义的事，“心即理”，那些无关紧要的事情不需要反思，因为它根本也不涉及情、欲、念。比如，和客户谈一单上千万的生意，这对公司发展非常重要，你要好好想想自己的情、欲、念，好好想想对方的情、欲、念，好好想想怎么把这件事办明白。在这个过程当中，应该怎样管理自己的情绪？你的修行进没进步？修到什么境界了？要看这件事你最终办没办明白。想证明自己的修行进步了，必须拿事情去磨炼，不要凭空地去想。人生的事情既是磨炼自己心性的修炼过程，也是检验自己的修行是否进步的标准。人终究要把事情办明白，才意味着修行的进步。

《传习录》记载着王阳明另一番与弟子的对话：

> 问：“静时亦觉意思好。才遇事，便不同。如何？”先生曰：“是徒知养静，而不用克己功夫也。如此临事便要倾倒。人须在事上磨，方立得住，方能静亦定，动亦定。”

王阳明的一个弟子对他讲，自己在静的时候也觉得这种状态非常好，但是一遇见事情就感觉什么都变了，怎么办呢？王阳明说，这是因为你只知道养静，不知道用克己的功夫，因此遇到事儿就全颠倒了。“人必须在事情上磨，方才立得住。”这句话也是他对事上磨炼的一种表述。你如果发现自己静坐的时候，感觉效果非常好，状态非常好，一遇到事还是想不明白，只能说明你还没有修到位。这是用实践检验你的修行结果的一种方法。

修行最后追求的境界是，这颗心是静亦定、动亦定。在静的时候，心是安定的，在处理问题的时候，心也是安定的，这个心始终能放在腔子里，这时候才能顺利应对人生的一切事变。就像我们刚才举的王阳明的例子那样，在追兵眼看就要杀上来的时候，他还能想着伞盖，就是因为心定。静亦定、动亦定，应对事情才会从容不迫，事情也才能达到最佳效果。这是我们修心的最重要的意义。

如果和你的人生密切相关的每一件事情，你都能将它处理到最佳结果，你的人生必然走向辉煌，这是阳明心学对我们的意义之所在。

2016 年 11 月 13 日 · 长春 · 公益讲座
曹鹏根据录音整理

“横渠四句教”解

为天地立心，为生民立命，为往圣继绝学，为万世开太平。

——张载

“为天地立心”，就是为天地、为大自然树立一个规律；“为生民立命”，为老百姓找到安身立命的方法；“为往圣继绝学”，继承往圣先贤几乎失传的学问并弘扬发展；“为万世开太平”，为子孙万代开创太平盛世。这是字面直译、浅层理解。

这四句是张载思想核心的体现，有着丰富的内涵。

首先要明晰一个核心概念，什么是“心”。心的本源来自天命，人心和宇宙是同源的，或者说人心和真理是相通的，它承载着宇宙真理。人是万物之灵，天地间的主宰。“为天地立心”，是要通过万物之灵的人、宇宙主宰的人，去体现绝对真理，去体现宇宙本源，这才是“为天地立心”。

“为生民立命”，什么叫“命”？“分于道谓之命”，命是道的派生物。为百姓找到那个道，说白了，要让百姓理解这个道。从这个角度讲，要对百姓进行教化，让其认识到大道之所在，然后才能“率性之谓道”，才能“修道之谓教”。“为生民立命”，意味着要把百姓引导到正道上来，并且去参悟大道，与大道相契合。只有百姓全民追求道，社会才能走向和谐。

“横渠四句教”，前两句是后两句的前提、根据和意义。只有在前两句的前提下，后两句才变得有意义。有了“为天地立心，为生民立命”的前提，才能知道“为往圣继绝学”要继承的是什么。并不是往圣的所有东西都要继承、都要弘扬。如何取舍呢？取决于它是否符合前两句，符合前两句的绝学一定要守住——因为它既是一种传统，也体现着宇宙间的绝对真理；它既体现着大道，也要用来治理社会。这样的往圣绝学，已经要中断了的，几乎要被大家抛弃了的，我们要把它继承，把它发扬光大。只有在这个基础上，才能“为万世开太平”。能够继承往圣之绝学，把先贤的那些符合天地间绝对真理的、用来引导百姓走向大道的学问，发扬起来，并付诸实践，才有可能开创万世的太平。

“横渠四句教”说的是四个层面。第一句“为天地立心”，是哲学上的本体论层面；第二句“为生民立命”，是社会学层面；第三句，“为往圣继绝学”，是学术或者说是认识论层面；第四句“为万世开太平”，说的是对整个社会的功能和作用。四句话说了四个层面，四个层面之间，是有着内在逻辑关系的，可以说是递进的关系，也可以说是因果的关系。如果没有第一句，不能认识到宇宙的真理，不能认识绝对真理，肯定也就无法把握客观规律，后面三句也就无从谈起了。所以说第一句是哲学层面，要符合绝对真理、把握客观规律，在这个基础上，才能引导民众走向正确的大道。换个角度说，如果你自己不能和真理相契合的话，你对民众的引导恐怕就是错误的，就不可能让民众悟道。或者，你仅仅做到了自己悟道，与真理相契合，结果是独善其身，去隐修了，不提倡入世，你就已经不是儒家了。在认识真理之后，必须要弘扬、传播，感染其他的人，影响民众，或者说得高一点，对民众进行教化，就是“为生民立命”。有这种责任感和使命感，去积极作为，去改变社会，你对真理的认识和理解才真正发挥了作用，才落到了实处。如果仅仅认识到了真理，没有做到后面的“为生民立命”，那么你与真理的契合就没有任何意义了。你自己老死深山，没人知道你认识到了真理，这是没有意义的，这不是儒家追求的。这是第一句和第二句之间的因果关系。或者说，你一旦达到了与真理的契合，你就要积极把它弘扬、传播出去，让更多的人认识到真理，认识到规律，让所有百姓都能找到安身立命的大道，这是每一个悟道者的责任和使命。

接下来要注意的是，你去引导民众的时候，具体的做法是什么。仅有善心，仅有一个好的出发点是不行的，你得有具体的方法。这种方法如果靠自己摸索、自己去求，是很慢的，可能终其一生也收获寥寥。这个时候，就要借鉴先贤的智慧，把他们好的学问、方法继承下来。因此，“为往圣继绝学”是服务于第二句的，只有继承往圣之绝学才能“为生民立命”，才能知道怎样“为生民立命”，怎样去引导百姓，才有具体的方法。从这个角度讲，第三句也可以理解为方法论。这是二三句之间的因果关系。

你这么做的目的是什么？儒家经常是以目的为导向的。继承往圣先贤的绝学继承得对还是不对，要看你是否能够引导民众走向太平盛世，开万世之太平，这是结果导向。如果你做不到这一点，不能开万世之太平，那么，你对往圣绝学的继承恐怕就是有问题的，再倒着推回去，你对真理的感悟恐怕也是虚假的、有偏差的。最后这一句是结果导向，既是前三句所有努力的终极追求，同时这一结果也是对前三句是否选择正确、是否做到位的检验。如果从哲学的角度来讲，是思想从实践中来再到实践中去并进行检验的过程，这是符合马克思主义哲学的。

“横渠四句教”如果从前往后顺着说，是由个人的修行出发，追求教化民众，追求开创太平盛世。一环是一环的结果，一环是一环的目的，一环是一环的追求，这是从前往后推导。如果从后往前推导，那么它是一种验证、一种证明。能开创太平盛世，才说明你继承了往圣绝学，才证明你是在为天地立心，为生民立命。如果没有这个结果，说明前边那些是个人虚假的认识，说白了就是自欺、就不靠谱了。

“为天地立心，为生民立命，为往圣继绝学，为万世开太平”，四句之间存在着这样一种逻辑关系，四句合在一起，实际上表达了儒家学者的追求。通过自我修炼要达到的终极境界，就是“为天地立心”，然后，不能独善其身，还要“为生民立命，为往圣继绝学，为万世开太平”，表达了儒家学者应有的终极追求。另一个层面，也体现了儒家修行的终极境界、最高境界，同时，这也是儒家思想实际的功能和应有的效果。最后落脚点是结果导向，“为万世开太平”。

这几句话为什么一直广为流传？因为它体现了儒学的永恒追求、宏大愿景和现实功能，更体现了儒家学者的境界、修养和使命、担当。张载这四句话，是对儒家思想及其社会功能的浓缩，也是对儒家学者人格魅力、终极追求的浓缩。在这四句话里，可以说，这种精神境界、人格魅力达到了极致。

（2019年4月20日于深圳，因苏艳丽询问“横渠四句教”的内容而做的讲解）

“未知生，焉知死”：儒家生死观

《论语》有一条：

> 季路问事鬼神。子曰：“未能事人，焉能事鬼？”曰：“敢问死。”曰：“未知生，焉知死？”

孔子所说的“未知生，焉知死”，通常的解释是：孔子说，你还不知道怎样生呢，怎么能理解什么是死？这只是这句话的字面意思。因而一般认为，孔子拒绝回答子路提出的这个问题，没有给子路讲解。由此就引申出一种误解，儒家只考虑现世，没有对未来的追求，没有对彼岸的思索。这几乎成为中外学者的共识了。但实际上这种认识恐怕是错误的。

这一条《论语》在古人那里还有一种理解：从表面上看，孔子没有回答子路的问题，但实际上答案就在其中。孔子告诉子路：你如果不能参透生命的真谛，你又怎么可能理解死亡是怎么回事呢？那么这句话反过来理解，就是如果你能参透生命的真谛，你也就能理解死亡是怎么回事了。

什么是生命的真谛？朱熹的老师李侗指导他修炼的时候，就是让他参“喜怒哀乐未发前气象”，实际上是根据《中庸》来的。《中庸》讲：“喜怒哀乐之未发谓之中，发而皆中节谓之和。”

那什么叫“喜怒哀乐之未发”？传统的解释也是两种：一种解释就是心里有这种情感，没有表达出来，叫“未发”，表达出来叫“已发”；还有另一种解读，就是你不仅没有表现出来，你心里根本没有喜怒哀乐这些情感才能叫“未发”。朱熹的老师指导他的时候是按照后面这种解释指导的。所谓“观喜怒哀乐未发前气象”，就是当你的这些情绪、思维等等都没有的时候，是一个什么样子。这还不是李侗的发明，实际上是二程开始提倡的，所以后来人们总结说，这可以说是二程到朱熹这一派系的一个很重要的修炼方法。观喜怒哀乐未发前自己的心是一种什么状态，实际上这时参悟的是生命的究竟。

当你把思维断绝之后，这是一个什么状态？理学中还有一种说法，叫“悬崖撒手，中流解缆”，用来描述这种修行的状态。就是你攀着悬崖的时候撒手，那不敢撒手呀，一撒手就掉进万丈深渊了；船走到河中间，水流正急的时候，把缆绳去掉。这是描述你怎样才能进入这种状态。这叫“言语道断，心行处灭”。这种状态是无法用语言来形容的，因此用这两个比喻来形容。你得放弃一切的思维，放弃一切的情绪情感，当你把这些东西全抛弃之后，才能认识到、体会到喜怒哀乐未发之前的状态。那个状态才是《中庸》上说的“中”，“喜怒哀乐之未发谓之中”，实际上也就是阳明心学说的“心”。要想让你的心的本体浮现的话，得经过这样一番修炼。

那么修炼的前提，我总结就是需要去掉意和念。意和念是同义词，心的本体是产生意和念的，但是意和念产生之后，我们在日常生活当中就一直在使用这个意和念，然后就把心的本体蒙蔽了，压在底下，没有让它发挥作用。我们现在说的思维呀，情绪、情感呀，起心动念呀，意志呀，想法呀，统统是意，而不是心。我们现在每天就在意的层面上打转，所以心的本体就不能浮现，我们就认识不到心的本体，心就始终处在被蒙蔽的状态。

李侗指导朱熹的这种修炼，包括我刚才说的两个比喻，“悬崖撒手，中流解缆”，都是让你彻底铲除意，当意完全停止的时候，心的本体才能浮现。

为什么要追求心的本体？实际上这就是孔子说的“未知生”的生的究竟、生命的真谛。真正的生命是什么？关键就在这里。我读到的对此最清晰的表述是王阳明《传习录》中记载的王阳明和他的弟子萧惠的那段对话。

萧惠曰：“惠亦颇有为己之心，不知缘何不能克己？”

先生曰：“且说汝有为己之心是如何？”

惠良久曰：“惠亦一心要做好人，便自谓颇有为己之心。今思之，看来亦只是为得个躯壳的己，不曾为个真己。”

先生曰：“真己何曾离躯壳？恐汝连那躯壳的己也不曾为。且道汝所谓躯壳的己，岂不是耳、目、口、鼻、四肢？”

惠曰：“正是如此。目便要色，耳便要声，口便要味，四肢便要逸乐，所以不能克。”

先生曰：“‘美色令人目盲，美声令人耳聋，美味令人口爽，驰骋田猎令人发狂。’这都是害汝耳、目、口、鼻、四肢的，岂得是为汝耳、目、口、鼻、四肢？……岂是汝之耳、目、口、鼻、四肢自能勿视、听、言、动？须由汝心。汝心之视发窍于目，汝心之听发窍于耳，汝心之言发窍于口，汝心之动发窍于四肢。若无汝心，便无耳、目、口、鼻、四肢。所谓汝心，亦不专是那一团血肉。若是那一团血肉，如今已死的人，那一团血肉还在，缘何不能视、听、言、动？所谓汝心，却是那能视、听、言、动的，这个便是性，便是天理。有这个性，才能生这性之生

> 理，便谓之仁。这性之生理，发在目便会视，发在耳便会听，发在口便会言，发在四肢便会动，都只是那天理发生，以其主宰一身，故谓之心。……这个便是汝之真己，这个真己是躯壳的主宰。”

王阳明在这里提出另一个概念叫“真己”，真正的自己，其核心思想是：视听言动不是真正的你，使你视听言动的才是真正的你。

实际上我理解，“真己”就是心，所谓心体浮现，就是认识真正的自己。我们现在讲，修行要了解自己，这个了解自己，我们现在说的是在念和意的层面上去了解自己，但真正地、深层次地了解自己，是见到本心本性，也就是所谓的“明心复性”。

王阳明说得非常清楚，你的肉身不是真正的你，使用你肉身的那个力量才是真正的你。他以视听言动为例，说你现在看东西是什么在看？绝对不是你的眼睛在看，而是那个“真己”通过眼睛在看。包括我现在说话，也不是我的声带在说话，而是那个“真己”通过声带发声。

实际上，按西方哲学来讲，这已经触碰到哲学的最基本命题了，就是我是谁？什么是自我？肉身肯定不是你的自我，但什么是自我？西方哲学是从逻辑思辨的角度去回答这个问题的，而东方的儒家是从实践修炼上去感悟、体验这个问题的。所以朱熹的老师指导他打坐，参“喜怒哀乐未发前气象”，实际上就是想让他认识到、感受到那个真正的自我。我觉得这就比西方哲学往前推进了一步。西方哲学是在逻辑上论证有这么一个东西存在，但东方哲学不是从逻辑上论证，而是让你自己去感受它的存在。所以说东方哲学是体验式的，是感悟式的。李侗对朱熹的指导，可以说是宋明理学指导修炼的一种很常见的方法。

这里就涉及另一个问题：什么是真正的生命？就是孔子说的“未知生，焉知死”里的那个“生”是什么？如果说你的肉身并不是真正的你，那么你的生命也不是你的肉身。因为肉身就像是一套设备，另外有一个力量在使用这套设备。现在我在说话，实际上有一个“我”在通过我的声带来发声，但是我讲的内容并不是由我的声带决定的，是由那个力量决定的，它在利用声带这套设备。那么，同样的道理，整个肉身就是一套设备，这个不是真正的自我，真正的自我是使用这套设备的“我”。这是我们用一个比喻来解释上面所引的王阳明那段话的思想。

从这个角度再去思考，就涉及另一个问题，那个东西跟肉身是什么关系？而肉身，我们通过经验看得很清楚，其特点就是有变化的，有生老病死的，所以肉身有最后消失的那一天。

但是肉身的消失会不会带来那个使用肉身的“真己”的消失？或者换一种表述方式，“真己”是否与肉身同步消失？这是儒家要回答的另一个问题了。要回答上面的问题，就需要思考，肉身不能永恒、终究要消失，因为肉体是变化的，那么，“真己”有没有变化？

在回答这个问题之前，我先插几句关于人的认识能力的问题。我们现在动用的认知能力全是在意的层面，我们是在用我们的意去认识这个世界，通过思考、逻辑思维，通过起心动念，通过情绪情感，通过实际的经验，去认知这个世界，当然也通过学习，但这些认知用的全是意，而不是心。儒家认为，人的认知能力分两块：一是意的认知能力，一是心的认知能力。没有修行的人，他的心体被蒙蔽了，心的认知能力发挥不出来，他一直是用意在认知这个世界，这种认知能力儒家称

“意知”。实际上，心也有认知能力，儒家称为“心知”，但是，心对世界的认知能力，我们没有把它充分发挥出来。

意的认知能力是有变化的，有加减的。比如知识，知识都属于意的层面，从你从小学知识开始，这种意的认知是有加减的，年轻时背下来的东西到了老年忘记了。由此可见，意知不仅有加还有减，所以它是变动的。

但儒家认为，心的那种对外在事物的感知是没有变化的。哪里体现出心知没有变化呢？孟子讲过“四心”“四端”，这我们都非常熟悉了。以恻隐之心为例，看到孩子要掉到井里了，人人都会有恻隐之心，那么这是谁教你的呢？从哪儿学到的呢？如果不是后天学的，那么它就是天生的。这种天生的东西就不属于意的范畴，它属于心的范畴，是你的心本来自带的那种知，就有这种恻隐之情。因为是心自带的，不是后天学的，它也没有一个增加和减少的过程，而且它是发挥稳定的，一直是这样的。但是你的意知就存在发挥不稳定的问题，比如背古诗，我今天背下来了，可能明天就忘了，后天又想起来了。但心知是稳定的，你看见孩子要掉到井里而心生恻隐，这是你永远会有的，不管何时何地，看见这个场景，你就有这种情感，它的发挥是非常稳定的，而且是自然而然生成的，不用你去主动思考。因此，古人从这个角度推导出来：人的肉身是有变化的，所以不是永恒的；人的心和性是没有变化的，所以是永恒的。这是儒家的一种哲学。

按《中庸》讲“天命之谓性”，你的心和性是老天赋予你的，而这个东西是永恒存在的，它是不会发生变化的。而你的肉身呢，按照张载气学来解释，它是由宇宙的元气凝结而成的。张载认为宇宙的本源存在一种摸不着、看不见，没有实体的东西，他称之为气。这个气在因缘巧合的时候，能凝结为实体，凝结为物质。由气凝结成的实体和物质古人叫质，这才是所谓“气质”。古人说的气质跟我们今天说的完全不是一个概念。人的肉身是怎么来的？是宇宙的元气凝结成的实体。因为宇宙的元气凝结成的实体是变化的，不是永恒的，所以当机缘巧合之后它生成，当机缘不在之后它就重新分解为气，回归于宇宙元气了。

在肉身凝结为质之后，才有了“天命之谓性”，老天赋予了这个东西另一个力量，那就是心和性。我们打个比方，肉身好比是一套设备，这个设备出厂了，生产出来了，然后同时在这套设备里装了一套软件，用这个软件来运行这个设备，这个软件就是性、就是心。硬件、软件两者结合在一起，才是我们今天活生生的人。这就是儒家认为的生命的真谛。

按孔子的说法，你能参透生命的真谛，你也就明白了死亡的意义。那么死亡是什么？死亡是肉身重新分解为气，回归于宇宙元气了，消失了。但是你消失没有？没有。因为肉身是你用的设备，不是“真己”，不是真正的你，老天赋予你的心和性才是真正的你。

那么修行的意义在哪里？实际上古人说得也不清楚，但是我觉得有些事可能是有所隐晦，不愿意公开谈。儒家有一句名言：不修行的人“与草木同朽”，这句话是有深刻内涵的，不仅仅是形容。

在儒家看来，这个世界的一切都是元气凝结成的，不仅我们的肉身是由元气凝结成的，一切都是。但是呢，事物的种类不一样，因为气凝结的时候有清有浊，所以最后形成了不同的种类。构成这个东西的气越浊越重，最终所形成的物质就越笨拙；气越清，最终所形成的物质就越灵活。大体是这么一种理论。

我们可以对事物进行简单的分类。古人称草木是一类，也就是植物。植物的特点是只有生，它有生命，有出生，当然也有死亡，但仅此而已。动物就比植物高了一层，或者按照儒家的说法，动物禀受的气比植物的要清一些，所以动物要比植物灵一些。这个灵体现在哪里呢？动物不仅有生，还有知。植物是无知的，无知、无情，它只有生命，而动物能对这个世界产生一种感知，所以动物有一些本能的反应，是老虎就会逮兔子，这就是知，它有一种认知能力。但动物是有知而无识，它有感知能力，但是它不能逻辑思维，不能抽象思考。只有人禀受的气是最清的，因为特别清澈，所以人是最灵的，人是“万物之灵”，人不仅有生，有知，有情，还有识，这些人全都具备。

我们回过头来再想一想，儒家常说如果你不修行的话，你将“与草木同朽”，这句话背后的含义是深刻的。你跟草木的区别就是你的那个灵啊，就是你的那个知啊，它是产生于你的本心本性的，假如你不修行，你的本心本性被蒙蔽掉，这部分内容没有发挥出来，那你跟草木就是一个类别了。修行的人，通过修炼去掉对心的蒙蔽，儒家称“明心复性”，使心和性的功能得到恢复，此后他才认识到了“真己”，才真正发现了自我，真正认识到了自我。

刚才说的朱熹那种修炼，参“喜怒哀乐未发前气象”，儒家还有一种说法叫“认识自己本来面目”。什么叫本来面目？本来的你，通过修行，你认识到了你的本来面目。你在今世能通过修炼认识到那个东西的存在，并且把它挖掘出来，把它树立起来，让它来主导你的人生，这就是陆九渊说的“先立乎其大”。先把大的方面树立起来，所以宋明理学强调心不能放倒，放倒就是被蒙蔽了。我以前在课堂上公开讲的是世俗层面的，是让心的本体发挥作用，用它来指导人生，这才是靠谱的。但这只是修心在今世对我们的作用。修心的意义还在于，你如果不能把你的心修出来，等到你生命终结的那一天，你就“与草木同朽”，你的结局和草木是一样的，就是回归于元气，就不存在了。修行人通过修炼把心立起来，认识到了真正的本我、本心，王阳明叫“这一点灵明”。你能修出来“这一点灵明”，那么你才能有一个真正意义上的永恒，不会因为肉身的消失而消失。

那就涉及另一个问题了，如果还存在的话，它去哪了？程颐有一句话，叫“冲漠无朕，万象森严已具”。所谓“冲漠无朕”，就是在这个宇宙还没有生成的时候，“万象森严已具”，后来的宇宙中包含的一切，在其中都已经具备了。也就是说，在宇宙的原点里包括现在这个宇宙的一切信息。这个理论就和我们今天的宇宙大爆炸假说很相似了。

程颐认为，在这个宇宙生成前的原点里边，已经包含着今天这个宇宙及人类的一切信息，后来的一切都是从那里发展起来的。宋明理学也用一个比喻来表述这种思想，就是种子。种子种下去，最后长成参天大树，树的一切信息，实际上都包含在种子之中。而种子的核，我们现在称“仁”，宋明理学有一种说法，儒家的核心思想仁，就是这个“仁”，就是那一粒种子。那一粒种子象征着宇宙的原点，宇宙的原点当中包含后来我们生活的物质世界的一切信息，当然也含人的一切信息。而人的性来自天，人的心来自天，实际上都是指来自宇宙的原点。在宇宙的原点里包含后来的一切，当然也包含着人，从那里分裂、裂变出来的一部分，构成了我们的心和性。正是因为你的心先天包含了这个世界的一切信息，因此人才能对这个世界形成认识，就是外在的事物和你心里的模板对应上了，然后你对它就有了认知。儒家用这个理念去解释科技的发明和发现，就是人心的模板和现实生活中的事物产生了一种呼应。

既然你的心性来自宇宙的原点，那么在你的肉身消失之后，心性如果还存在的话，它去哪里？实际上它是回到来处去，回归于宇宙的原点，回归于“万象森严”中。

王阳明临终前说的八个字，“此心光明，亦复何言”，深层的含义也应该从这个角度去理解。他经过一辈子的修炼，已经把心的本体树立起来了，他已经能见到自己的本心本性了，所以到临终这一刻，无喜无悲，无恐无惧。

什么是“未知生，焉知死”？如果你参透了生命的真谛，那么你自然就知道了死亡意味着什么。而不管生命的真谛包括哪些内容，关键是不能“与草木同朽”。如果不修，你的本心本性被蒙蔽，没有发挥作用，最后你临终那一天，就是“与草木同朽”，消失了。所以古往今来，绝大多数人都消失了，没有了，什么都没有留下。尘归尘，土归土，回归于元气，彻底没有了。所以俗话称人死为“没了”，这句人人都说的俗话里包含着儒家对生死的感悟，可是很少有人理解。只有通过修炼的人，最后能够“明心复性”的人，才能让心的本体发挥作用，和宇宙的原点产生链接，然后才能摆脱肉身对他的约束和控制，超越肉身的局限性，也就能超越肉身而存在。当肉身腐朽、回归元气之后，他那个“真己”还是“此心光明”，光辉灿烂地在这里，明明白白地在这里，很清晰地在这里，然后它能够回归到宇宙的原点，它能在那里成为“森严万象”中的一象，这才是修行的终极意义。

（2021年7月3日，给西安的学生刘佳讲解的内容，长春学生韩雪飞根据录音整理，引文为整理时所补）

理学诗三首赏析

一直以来就有一个想法，把大儒们写的体现儒家思想的诗，拿来解读分享一下。但是，由于自己了解得比较少，也没有专业的参考书，而且到大儒的文集里去查找，很需要一些时间，所以，这个想法也就一直都没有落实。今天只选三首诗来分享。

第一首《观书有感》，作者是南宋的朱熹。

半亩方塘一鉴开，天光云影共徘徊。
问渠那得清如许？为有源头活水来。

这首绝句，很多小学生都会背诵，但它的含义，大多数人却未必能说清楚。朱熹这首诗的内涵，如果不是从儒家思想的角度去理解，你是读不懂的。

我们先按照字面的意思解读。

“半亩方塘”的“方塘”，按传统说法，就是有一个池塘叫“方塘”。这是一个比较小的池塘，只有半亩大小。“鉴”，我们可以通俗地理解为镜子。但实际上，在早期“鉴”不是指镜子，而是指一种像盘子一样的储水器皿，后来引申为镜子，我们现在简单地理解为镜子也可以。“一鉴开”，意思是像一面镜子那样展开。

实际上“鉴”的原始含义和诗的内容最为贴切。一鉴开指的是盘中水，盘中水的特点是静止的，没有波纹，因此可以当作镜子用。宋代另一位儒家学者楼钥有一句诗“但使心如水在槃”。修心，最后把心修得如盘中水那样，没有波澜。盘里边的水是非常平静的，没有波纹，这盘水才能当镜子照出来影像。以此比喻我们修心，首先要让心静下来，这样才能把外在的事物照明白，才能看明白事情。盘中水的另一个特点是清澈。水若是流动起来，就容易把泥浆和杂质、沉渣都带起来，就不是清澈的了。但把它倒到盘中，让它进入静止的状态，杂质就会逐渐沉淀下去，水就变得越来越清澈。

朱熹诗的第一句用了一个“鉴”字，实际上有双重含义，指小小的只有半亩的方塘，池水是平静的、清澈的。然后才有第二句，“天光云影共徘徊”，天的光和云彩的倒影，都展现在方塘的湖水里。“徘徊”暗示我们，池水中的倒影还是动态的，随着天上景色的变化而变化。

第三句“问渠那得清如许”，“渠”是第三人称代词，指“半亩方塘”的水。这句的意思是，这方塘的水为什么能这样清澈？这句直接点出“清”，池水的清澈，可见“鉴”是有双重含义的，一方面是平静，一方面是清澈。“为有源头活水来”，这是自问自答。因为这小小的池塘的底下有泉眼，有源头，它不断地给池塘提供活水。

以上是这首诗的字面意思，但我理解，实际上这首诗指的是儒家的修心。

从儒家的角度来讲，修心要追求的效果就是“半亩方塘一鉴开”。要把心修成这个状态，就像那半亩大小的方塘一样，水是平静的，是清澈的，杂质都沉淀下去。修心要追求这种境界。简单地说，修心就是要把心修到平静、清澈、澄澈。所以，儒家修心的第一步是先要静心，静心就是去妄念、去杂念。

以前在讲到这个问题的时候，我也举古人常用的例子，就是用镜子来比喻去掉杂念和妄念的原因。镜子是空的，它里面没有东西，正因为没有东西，外在事物到来，镜子才能清晰准确地反映。我们为什么要修静心，要去妄念、去杂念？因为去掉心中的妄念和杂念，就是去掉它们对心的干扰，使心像镜子那样空，外在事物到来的时候，才能把外在的事物照得清楚，看得明白。也就是说，才能把人生的事情看明白。古人常用镜子比喻心的原因就在这儿。

朱熹诗的第一句“半亩方塘一鉴开”，是作者观察方塘的池水平静澄澈，像一面镜子一样。由此联想到，修心要先追求静心，要使自己的心像方塘的水一样平静澄澈，然后才能把外在的事物看明白。

心是空的，是虚的，它才是灵的，是不受蒙昧的，就是朱熹在《四书集注》中说的“虚灵不昧”。带着这样一种心态、状态，去应对人生的事情，才能把人生的事情看明白、想明白。第二句“天光云影共徘徊”，就是要体现这种结果。

天上的云彩，在池水里有清晰反映，原因是池水是平静的。深层次的意思是，修心首先要追求心的平静，静下来之后，心如止水，心里边是空的，是虚的，去掉妄念、杂念，然后才能对外在事物有清晰反映，才能把人生的事情看明白。“徘徊”二字暗示我们，在这种状态下，心能够对外在事物做动态把握，不仅仅能把事情看明白，还能看明白事情的变化。

怎么能使心是空的和虚的呢？首先要追求心静，静之后才能是空和虚。处在空和虚的心态，才能把外在的事物看明白，对“天光云影”都有正确反映，对人生的事情都能看清楚、看明白。以池水做比喻，也是在告诉我们，要追求静心，最重要的是不能受外在干扰，就像湖水，不能搅动，一旦受到搅动，或者扔一块石头进去，马上波纹出来了，就不静了。所以，修静心，就是使心不受外在事物的干扰，能保持它本来的平静澄澈的状态。

静，不是目的，而是通过静使心达到空，达到虚。在这种状态下，心才是灵的，才是灵敏的，才能把外在的事物看明白，这才是我们修心追求的结果。要想做到这一点，就要回避心动。实际上朱熹这里讲的，就是孟子说的“不动心”，我们首先要修这个不动心。

那么，是什么使人心动呢？两类事情，一类是情，一类是境，即一是内因，一是外因，按古人的说法，叫“情移境夺”。第一类情，人的情绪和情感。人的情绪、情感让人改变，使人心动，这是我说的内因。第二类境，环境。环境因素使人心动，使人改变，这是我说的外因。“境夺”的“夺”，意思是被迫改变，“情移”的“移”则没有被迫的含义。“情移境夺”的意思是，我们要么因为自己的情绪、情感而在不知不觉中发生变化，要么因为外在环境的原因而被迫发生变化，但不论是内因还是外因，结果是一样的，就是我们的心动了，不再是平静的、澄澈的。

到诗的第三句，朱熹话锋一转，谈到另一个问题，“问渠那得清如许”。如果仅仅从字面去理解，我们会发现第三句和前两句并不衔接。第二句谈“天光云影共徘徊”，那是静或止，反映出“天光云影”，第三句却问的是“清”。能反映“天光云影”主要是湖水的平静、静止，与湖水清不清没有关系，这两句的内容实际上并不衔接。

朱熹要表达的是修行方面的内涵。到第二句，第一个层面已经说完了，修心的第一个层面是要修不动心，要使心如止水，然后才能看明白外在的事物。到第三句，是谈另一个层面的意思了，修心要追求心的澄澈。朱熹用湖水的清澈，来比喻心的澄澈，和第二句已经不在一个层面上了。我们前面提到，盘中水在静止之后，杂质逐渐沉淀，水会变得越来越清，越来越澄澈。修心也要有这样的历程，静心、不动心仅仅是起点，在此基础上，要追求心的澄澈，或者我们用另一个形容词——光明，即王阳明说的“此心光明”。

修心要追求心的澄澈，还是把外在事物看明白吗？答案是否定的。是因为，心澄澈之后才能生出智慧。这不是停留在第一个层面，不仅是把人生的事情看明白，还要追求心能生出智慧。朱熹用湖水的清，来比喻这一点。

湖水清澈之后，才能有各种植物、动物，水清了之后，才能养鱼、养花等等。如果水里有很多杂质的话，那就成了臭水泡子，静倒是静了，但什么也不会生长，什么都活不了。所以追求心的澄澈，是要心生智慧，这才是落脚点。如果人的心是浑浊的、污浊的，就生不出智慧。这是朱熹要谈的另一个层次。

湖水为什么这么清澈？是因为水静止后杂质沉淀吗？朱熹的答案不是，而是“为有源头活水来”。从诗的第四句我们发现，三、四两句谈的是另一个境界，与一、二两句谈的境界不在一个层面上。为什么这么清澈？因为湖水有不断的源头活水补充，这是关键，是死水和活水的区别。这个比喻告诉我们，修心要修心的澄澈，就是去掉对心的污染。

要修到心的澄澈，想要让心生智慧，首先心不能受到污染。但是，心没有受到污染，就能保证心是活的吗，心就是清澈的吗？从水的角度来讲，好像真不是这么回事，“半亩方塘”，池子很小。如果是大海，那么这种说法就能成立，只要大海静止，就能澄澈，杂质就能沉淀。可是我们都有这样的生活经验，半亩大的小池子，如果没有源头活水来补充，时间长了，它就是一潭臭水。池塘能够清澈，是因为它有源泉，不断地在给它提供活水。

我们从修行上怎么去理解？让人的心澄澈，首先来讲不要让它受到污染，这是外在的原因。不要因为世俗的东西污染人的心，不要让外在的不良习惯污染了人的心。但仅仅如此是不够的，人的心还应该有源头，有活水，不断地来补充。这指的又是什么呢？我们读《中庸》都知道，“天命之谓性”，老天赋予了人的本性，那是最美好的。就是阳明先生说的“无善无恶心之体”。心里面是没有恶的，没有污染的，本来就是清澈的，就是光明的，但因为后来的原因，我们把它污染了。儒家的修行，就是要去掉外在对心的干扰，让心静，别让外在的东西污染，让心清。心本来是静的、是清的，只不过后来我们自己把它搅动了，把它污染了。现在要通过修行，恢复心的本来状态。所以儒家讲的修炼，并不是人身上没有这个东西，去把它修出来，而是把人本来就有的，被后天蒙蔽和污染的光明属性重新恢复出来，去掉对心的污染和蒙蔽，儒家称之为“明心复性”。

明心复性，也就是《大学》里说的“明明德”，必须把人的先天美好素质、美好品德挖掘出来，让它成为源头活水，源源不断地补充进来。我们可以理解为，就是让它一直发挥作用，让人的先天美好素质一直发挥作用，这样心才能是澄澈的，才能生出智慧。

以上是朱熹这首诗的含义，表面是咏一个池塘，其实讲的是儒家修行的理念。

这首诗的名字就很值得玩味，叫《观书有感》，是朱熹的读书心得。诗的名字和诗的内容完全对不上，读书怎么读出“半亩方塘”来了？实际上诗的名字和诗的内容合在一起，朱熹已经告诉读者，这不是咏风景的诗，这里有深刻的含义。读书有心得，然后用了一个比喻，把自己的心得描述出来。总之，朱熹谈的是儒家修行的思想和实践，这首诗反映的是儒家修心的法门。

第二首是《秋日》，作者是北宋的程颢。

闲来无事不从容，睡觉东窗日已红。
万物静观皆自得，四时佳兴与人同。
道通天地有形外，思入风云变态中。
富贵不淫贫贱乐，男儿到此是豪雄。

诗的题目虽然是《秋日》，可是读完了大家会发现，八句诗没有一句体现出秋天。程颢谈的实际上也是一种修行的状态。

“闲来无事不从容”，闲着没事的时候，没有什么是不从容的，就是一直能处在从容的状态。第一句诗，凸显一个“从容”。就是讲修心之后，去应对人生事情的时候，要凸显俩字：从容。

“睡觉东窗日已红”，睡醒了，东边窗户已经有太阳的红光，就是太阳已经升起了。程颢用这句诗形容一种从容，形容一种闲来无事，这是对上句诗的一个展开。面对人生的一切，应该从容，没什么事情是值得着急的。

下面才是关键，“万物静观皆自得”。人生的所有事物，在静中去观察，全都自己能有心得、有感悟。若能达到这种状态，可以说是人生无处不修行了。什么叫心得？什么叫感悟？是在日常生活的每一个点上都有所思考、有所觉悟。这也是一种学习，也是一种修炼。如果说只有读圣贤书才有感悟，那么能感悟的地方就不多了。我们现在提倡格物、反思，实际上最后就是要追求一种感悟，在人生的每一件事儿上都有所感悟，这才是真正的心得，是自己的心得。然后才能真正把人生的事情看明白，才能真正对人生的真谛有一种思考，这叫“万物静观皆自得”。

当年程颢养金鱼，是为了观看以感悟人生。还有的大儒，书房窗外的草不铲，随便长。这不是懒，他是要通过观察草来感悟一些东西。古人还有一个形容叫“鸢飞鱼跃”，看鸟儿在飞翔，鱼儿跳出水面，有没有一种感悟？春天，花开了，树绿了，草长出来了，有没有一些感悟？对人生、对生命有没有一些感悟？甚至包括在马路上，看见两辆车刮了，有没有一种感悟？“万物静观皆自得”，人生无处不修行。在任何事情上，随处都是能有所感悟的，但关键是，能不能从静中去观，心是不是静的。心是乱的不行，人是匆匆忙忙的不行，那样就不会有人生的感悟，那就活得浑浑噩噩了。

每天经过同一条路去上班，路边的风景我们清楚吗？多数人是不清楚的。为什么？第一，因为心不静。一看表，要迟到了，赶紧走。第二，因为根本就没“观”。基本就没有看过路边的风景，只看手机了。所以，“静观”两个字是最重要的。这两点没做到，我们就错过了人生很多的风景。

所以我们要修炼，要有那种心境。在一种静的心态下，默默地去观察、去感悟，从中悟出一些人生的哲理，这才叫“自得”。这是自己得到的，是自己的心得，不是别人教的，也就是一种自主学习的能力。不能任何事都是靠别人教，都是靠别人告诉，今天知道这个道理是张三讲的，明天知道那个道理是李四讲的，那么你这一辈子所知就有限了。还有更可怕的，我知道的这一切都是我师父讲的，那就太狭隘了。人要学会“万物静观皆自得”，能够在静心的状态下去观察、去感悟，有自己的心得，这就不用别人教，自己就能不断地提升了，这才是正确的学习方法。

程颢下一句诗说的是注意事项，“四时佳兴与人同”。这种“万物静观皆自得”的状态，可以说是非常小众的，能有这种心境的人没有几个。所以我们还要注意，不要把自己搞成别人眼里的另类。四季的美好风景，那些兴致，我们和别人是一样的，和不修行的人是一样的。说白了，我们还得日用平常，按儒家的概念叫“与愚夫愚妇同”，这才叫“同德”。不能把自己搞得非常另类，要“四时佳兴与人同”。

春天大家都出去踏青，我们也出去踏青。只不过，旅游一圈回来了，我们有所感悟，他们没有。我们不能把自己搞得非常另类，跟大家格格不入。我们要表面上跟普通人都是一样的，但我们内心的感悟是别人没有的。修行不能沦为怪异，“素隐行怪”显然是不对的。儒家的修炼，最后就是日用平常。所以这句诗谈的是一个注意事项，要修“万物静观皆自得”，但是不能把自己搞成另类，我们还要“四时佳兴与人同”。

“道通天地有形外，思入风云变态中。”这两句比较抽象。追求的那个大道，一直要达到天地、宇宙这些有形的事物之外。这里隐含地表达了《周易》的思想。《周易》上说，“形而下者谓之器，形而上者谓之道”。有形的东西都叫器，无形的东西才叫道，超越了形体的东西才叫道。对大道的追求，要达到超越，直接达到天地之内这些有形的东西以外，那才是真正的大道。或者我们用当下的一个概念描述，就是抽象，而不是具体。对大道的追求，最后要有一种抽象的思考，它既是对一种新境界的表述，同时也是对诗的第二句的一个补充，这就是“万物静观皆自得”中的“自得”。

例如，观察鱼的活动，最后说自己有了一点心得，发现鱼的尾巴这么一动，鱼就前进了。我们不是想做鱼类专家，感悟这些与我们的人生没有任何的关系，所以是没有意义的。为什么这种感悟没有意义？还是在有形的范围里，这不是真正的“自得”。“万物静观皆自得”要“道通天地有形外”，要超越这种有形的束缚，最后形成一种抽象的感悟，对人生、对生命、对自然规律等等的一些感悟。这些都不是具体形象的东西，是抽象的，这种心得、“自得”，才是“道通天地有形外”。

从这个角度理解，第三句诗是程颢对第二句诗的一个补充，但实际上这句诗还有另一重含义。人最后要追求大道的根本，要追求到宇宙的根源，那就是天地还没有形成的时候，“天地有形外”，这才是一个哲学上的究竟。这个“心得”，不能是碎片化的，最后还要有一个主线贯穿起来。这种感悟，一开始是对具体事物的感悟，最后要升华到对生命真谛的追究，也就是哲学上说的，世界观、人生观、宇宙观。要达到这种高度和层面，才叫“道通天地有形外”。

可是，人如果只停留在这个层面，那用今天的话说，就是一直在臭氧层以外，就不接地气了，所以还得“思入风云变态中”。实际上程颢要谈的思想是，人对那种抽象的、哲学意义上的思考，最终要重新切入我们的现实生活。所谓风起云涌、各种变化，指的是人生具体事情的千变万化。最后的思绪要从抽象拉回到具体，那种抽象的思维，要服务于现实，要接地气。

这里还容易有一个误区。有人会说“万物静观皆自得”，就是思考人生的各种变化了，为什么还要推出去再拉回来？既然要接地气，“万物静观皆自得”就是在地面上，却还要“道通天地有形外”，把人弄到臭氧层上去，接着再告诉我们“思入风云变态中”，还得接地气，这是在折腾什么呢？简单地说，以理论的升华指导实践，就是这个道理。先有哲学上的思辨，形成一种思想体系，是为了指导人生的实践。回过头来，我们要把这种思想落实在生活中，去应对人生的千变万化，不能停留在哲学层面，这是“思入风云变态中”的意义。

我们借用佛教的一个说法可能更容易理解：老衲三十年之前，看山是山，看水是水；后来呢？看山不是山，看水不是水；再后来呢？看山还是山，看水还是水。“万物静观皆自得”，就是看山是山，看水是水。“道通天地有形外”，就是看山不是山，看水不是水。“思入风云变态中”，就是看山还是山，看水还是水。

后面两句诗是感慨，经过这样一番修炼，最后能达到的境界是“富贵不淫贫贱乐”。所谓“富贵不淫”，就是孟子说的大丈夫境界，“富贵不能淫，贫贱不能移，威武不能屈”。程颢指的是这句话，就是通过修炼达到这种大丈夫的境界。“男儿到此是豪雄”，修到这个程度才能称得上是英雄豪杰。显然这首诗实际上是谈修行的。

第三首是《春日偶成》，作者也是北宋的程颢。

云淡风轻近午天，傍花随柳过前川。
时人不识余心乐，将谓偷闲学少年。

这首诗展示的是这样一种场景，天上飘着淡淡的云彩，身边吹着轻轻的风，看着花儿，在柳树的阴凉里慢慢地走过前面的渡口。这种状态，我们读了程颢前面一首诗就容易理解了，这是在描写从容，不仅是从容，而且安适，非常安稳。程颢用外在景物的描写，烘托出这样一种心境。人的心，应该追求这样一种状态，非常从容，非常安闲，非常安稳，而且是喜乐平和的。修心，就是应该保持这样一种状态。

自己的心修到了这种状态，自己能感受到那种喜乐，但这种喜乐无法与他人分享，也没有办法让别人体会到，所以程颢接着说，“时人不识余心乐”。看见他的人，都体会不到他心中的那种快乐。然后大家对他怎么评价呢？可能会说这家伙是为了“偷闲学少年”，他忙里偷闲，在回忆自己的年轻时光。

这句话实际上还有深层的含义。什么叫少年？年轻人、赤子。孟子说，“所谓大人者，不失其赤子之心者也”。修行到最后，就是“不失其赤子之心”。所谓“不失其赤子之心”，就是把那个受蒙蔽、受污染的心清理干净，这就是我们儒家修心要追求的结果。

实际上程颢这首诗描写的，就是他达到了“不失其赤子之心”的状态，而在别人看来，他是在“偷闲学少年”。事实上，程颢达到了那种心的原始的、本来的状态，也就是《大学》里说的“正心”。达到这种心境，人才能有这种状态，才能学会欣赏生活中的点点滴滴。

在一个非常平凡的上午，在一个非常平常的环境里，可程颢的心却是非常愉快的。也就是说，在普普通通的日常生活当中，始终能体验到人生的快乐。这是需要修心达到一定境界后才会有的状态，也是我们修心的一种追求。修心到最后，就是内心充满快乐，外在的表现就是从容、安适。

（2021 年 7 月 3 日，长春学生李浩宇整理）